상표 가이드

상표 가이드

변리사 조 민정 지음

여는 글
지금은 상표시대

신문이나 방송을 보다 보면 '어떤 상표의 브랜드 가치는 얼마다' 내지는 '기업이 성장하기 위해서는 브랜드 가치를 높여야 한다' 와 같은 이야기가 심심치 않게 나온다.

소비자의 욕구가 점점 다양해짐에 따라 단순히 품질이나 기술력의 차이만으로는 소비자의 마음을 사로잡기가 어려워졌다. 이제는 많은 기업이 경쟁력 있는 브랜드의 개발 및 마케팅을 통한 제품의 차별화 전략을 꾀하고 있으며 브랜드를 보호하고 그 가치를 높이기 위하여 노력하고 있다.

상표와 브랜드는 거의 같은 개념이기는 하나 상표는 더 법적인 개념으로 자타상품을 식별하기 위한 표지라고 정의할 수 있고, 브랜드는 좀 더 경제적, 마케팅적인 개념으로서 어떤 기업 또는 기업의 제품에 대한 아이덴티티 Identity 를 표현하는 모든 수단이라 할 수 있다. 그러므로 브랜드는 상표를 포함하는 개념으로 이해하면 될 것이다.

상표전문 변리사로서 다년간 일을 해오면서 상표·특허 등 무형의 지적재산권 Intellectual Property 의 중요성에 대한 인식이 점차 퍼지고 있는 것을 느낀다. 예전에는 대기업 등 일부 기업들만이 상표 등록에 의한 상표보호 및 상표의 유지관리에 힘썼지만, 이제는 기업뿐만 아니라 개인들도 상표보호의 필요성을 느끼고 상표전략 및 상표보호 방안에 대해서 높은 관심을 가진다.

특허의 경우 무형자산으로서의 가치를 갖는 지적재산권이지만 기술력을 필요로 하는 분야에 한하여 보호가 필요한 대상인 반면에, 상표의 경우에는 모든 상품과 서비스업이 보호의 대상이 된다. 또한, 특허는 일부 기술력과 관련된 분야의 사업자들이 주로 관심을 갖지만, 상표는 대기업부터 중소기업, 소상공인, 스타트업 창업자에 이르기까지 모든 사람이 관심을 갖는 대상이다. 이런 측면에서 상표의 개념에 대한 이해 및 상표 보호를 위한 효과적인 가이드를 주고 싶은 마음에 이 책을 시작하게 되었다.

단순히 상품이나 서비스업의 브랜드화에서 벗어나 자기 자신에 대한 브랜드화가 요구되는 요즈음, 이제 상표는 선택이 아닌 필수이며 모든 일의 시작임을 기억하자!

변리사 조 민정

목차

여는 글　지금은 상표시대　　　　　　　　4

Guide 1.　Beginning program

1. 상표, 그것이 알고 싶다　　　　　　　12
   - 상표출원에서 등록까지의 절차 및 소요시간
2. 우리 상표출원 했어요　　　　　　　15
   - 국내 상표 출원시 필요한 내용 (상표와 지정상품)
3. 상표 출원설명서　　　　　　　　　23
   - 상표의 효과적인 사용 및 방어를 위한 출원방법
4. 상표의 자격　　　　　　　　　　　27
   - 상표가 등록받기 위해 갖추어야 할 요소들

Guide 2. Making program

5. 상표의 품격   64
   - 상표의 유사판단 기준
6. 보이스 오브 상표   113
   - 소리상표, 냄새상표 등 점점 더 다양해지는 상표의 세계
7. 겟 잇 상표   117
   - 효과적인 브랜드 네이밍 방법
8. 찾아라! 맛있는 상표   122
   - 음식업계의 맛있는 상표 찾기
9. 너는 내 상표   124
   - 등록만 받고 사용은 안하는 상표를 내 상표로 만들기

Guide 3. Keeping program

10. 불후의 상표   128
    - 상표의 갱신과 존속 기간
11. 상표를 지켜라   130
    - 상표 관리의 중요성
12. 수퍼스타 T   134
    - 브랜드 가치가 높은 상표

Guide 4. Thinking program

13. 상표 위드 더 스타   138
 - 성명상표의 등록

14. 상표 사냥   147
 - 상표 브로커들의 상표선점에 의한 부당한 권리 행사와 그 대응방안

15. 상표 빅리그   150
 - 오픈마켓에서의 상표보호 방법

16. 별(외국)에서 온 그대   155
 - 진정상품 병행수입 문제

17. 상친소(상표의 친구를 소개합니다)   160
 - 상표보호와 관련된 권리 및 법률규정

Guide 5.　Overseas program

18. 세계는 지금　　　　　　　　　　174
- 해외상표 출원방법 (개별국 출원 vs 마드리드 출원)

19. 상표 전쟁 ①　　　　　　　　　178
- 국내 분쟁 사례

20. 상표 전쟁 ②　　　　　　　　　190
- 중국 분쟁 사례

21. 상표 전쟁 ③　　　　　　　　　211
- 기타 분쟁 사례

닫는 글　　　　　　　　　　　　　220

Guide 1. Beginning program

1. 상표, 그것이 알고 싶다
- 상표출원에서 등록까지의 절차 및 소요시간

상표출원을 처음 하게 되면 당연히 궁금한 것 투성이다. 사람들이 가장 궁금해하는 것 중의 하나는 상표출원부터 등록까지 걸리는 시간 및 절차에 관한 것이다.

상표출원 진행을 하기 위해 문의를 하다가 가장 많이 놀라는 부분 중의 하나는 상표 출원에서 등록까지 걸리는 시간이다. 일반 수요자들은 상표출원을 하면 1~2개월 이내에 바로 등록이 된다고 생각하는 경우가 많다. 그러나 상표출원에서 등록까지 걸리는 시간은 보통 1년 이상이다(물론, 일정한 조건 하에 심사를 빨리 진행할 수 있는 '우선심사제도'라는 것이 있기는 하지만 빨리 진행되는 만큼 그에 따른 급행료가 추가로 발생한다).

내가 쓰고 싶은 상표를 신청한다고 해서 무조건 등록시켜 주는 것

이 아니라 내가 쓸 수 있는 상표인지에 대해서 심사를 받는 과정이 필요하기 때문이다. 따라서 특정 사업을 준비하고 있거나 어떤 좋은 상표가 생각나서 이 상표를 선점하고자 한다면 미리미리 상표출원을 해 놓는 것이 좋다. 나만이 사용할 수 있는 상표로서 독점권을 가지기 위해서는 내가 먼저 사용을 하고 있다거나 신청했다는 것만으로 발생하는 것이 아니라 등록이 되어야 발생하는 것이기 때문이다.

상표의 출원에서 등록까지의 절차를 간단하게 살펴보면 다음과 같다.

[1단계] 출원인이 특허청에 출원서를 제출한다.
⇩
[2단계] 출원된 상표의 식별력 유무 및 동일 또는 유사한 선행상표(선출원 또는 선등록)가 있는지 없는지에 대해 심사관이 심사를 진행한다.
⇩
[3단계] 심사진행 후
① 거절이유가 발견되지 않은 경우에는 출원공고결정이 되고,
② 거절이유가 있는 경우에는 의견서 제출통지를 한 후 해소가 되지 않을 경우 거절결정이 된다.
⇩
[4단계] ① 출원공고 결정을 받은 경우에는 2개월의 이의신청기간을 거쳐 제3자로부터 이의신청이 없는 경우 등록결정이 있게 되고 등록료 납부로 최종 등록증이 발급되나,
② 거절결정을 받은 경우에는 30일 내에 불복심판을 청구하여 등록여부

를 다시 한 번 다투어볼 수 있으며, 심판을 청구하지 않으면 거절결정이 확정된다.

⇩

[5단계] 거절결정에 대하여 불복심판을 청구하는 경우 심판의 결과에 따라 상표의 등록 또는 거절여부가 결정되며, 심판결과에 대해서 다시 불복하고자 경우에는 특허법원(2심), 대법원(3심)과 같은 상급심 절차를 통하여 다투어볼 수도 있다.

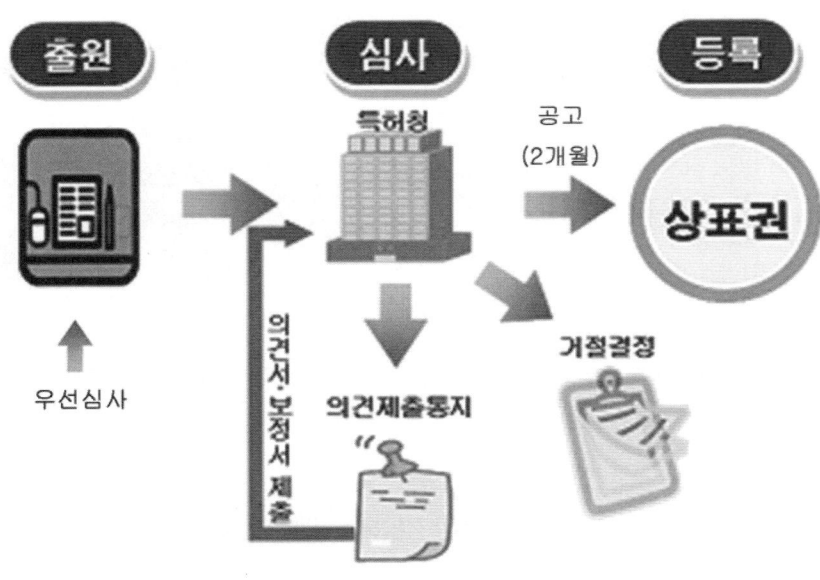

〈 상표 등록절차 흐름도 〉

2. 우리 상표출원 했어요
- 국내 상표 출원시 필요한 내용 (상표와 지정상품)

사업을 시작할 때 사용하고 싶은 상표가 있거나 회사에서 상품을 개발하여 새 상표를 출원하려 할 때 출원에 필요한 것은 무엇일까? 그것은 바로 사용하고자 하는 상표와 지정상품(서비스업)이다.

먼저, '상표'라는 용어에 대한 상표법적 정의를 살펴보면 '자타상품(서비스업)을 식별하기 위한 표지'라고 되어 있는데 자신의 아이덴티티$_{identity}$를 나타내기 위한 표식이라고 생각하면 된다.

상표로 등록받을 수 있는 형태는 기본적으로 문자(한글, 영문, 외국어), 도형, 색채 또는 이들의 결합으로 이루어진 로고 등 시각적으로 표현되는 2차원적 형태이다. 즉, 우리가 흔히 BI$_{Brand\ Identity}$, CI$_{Company\ Identity}$라고 일컫는 표지들이 가장 기본적인 상표의 형태이다.

그러나 기술이 발달하고 광고 매체가 다변화되면서 자신의 브랜드를 보다 효과적으로 소비자들에게 알리기 위한 다양하고 새로운 방식의 상표들이 나타나기 시작했다. 2차원적인 상표에서 벗어나 부피가 결합한 3차원적인 형상의 입체상표(KFC 할아버지 입체상, 맥도날드 피에로 입체상 등), 움직이는 화면이나 홀로그램과 같은 동적상표, 소리상표, 냄새상표 등 특정인의 브랜드로서 활용될 수 있는 형태들 또한 현재 법적으로 인정되고 있는 상표들이다. 이와 관련해서는 Guide 2의 '6. 보이스 오브 상표'에서 소개되는 내용을 통하여 보다 잘 이해할 수 있을 것이다.

상표를 정하고 나면 다음으로는 내가 사용하고자 하는 지정상품(서비스업)을 정해야 한다. 이러한 지정상품(서비스업)은 법적으로 지정된 상품(서비스업)류 구분으로 선택하면 되는데 현재 우리나라는 국제상품(서비스업) 분류인 니스 분류 NICE Classification 를 채택하고 있으며 니스 분류에 근거할 때 상품은 1류~34류까지 34개의 분류로, 서비스업은 35류~45류까지 11개의 분류로 규정되어 있다.

각 상품(서비스업)류에 포함된 지정상품(서비스업)의 내용을 간단히 정리해보면 다음과 같다.

[상품 분류]

류구분	지정상품 내용
1류	공업용, 과학용, 사진용, 농업용, 원예용 및 임업용 화학제; 미가공 인조수지, 미가공 플라스틱; 비료; 소화제(消火劑); 조질제(調質劑) 및 땜납용 조제; 식품보존제; 무두질제; 공업용 접착제
2류	페인트, 니스, 래커; 방청제 및 목재보존제; 착색제; 매염제(媒染劑); 미가공 천연수지; 도장용, 장식용, 인쇄용 및 미술용 금속박(箔)과 금속분(粉)
3류	표백제 및 기타 세탁용 제제; 청정, 광택 및 연마재; 비누; 향료, 정유(精油), 화장품, 모발로션; 치약
4류	공업용 유(油) 및 그리스(Grease); 윤활유; 먼지흡수제, 먼지습윤제 및 먼지흡착제; 연료{자동차휘발유를 포함한다}, 발광체; 조명용 양초 및 심지
5류	약제 및 수의과용 약제; 의료용 위생제; 의료용 또는 수의과용 식이요법식품 및 식이요법제, 유아용 식품; 인체용 또는 동물용 식이보충제; 깁스 및 연고류; 치과용 충전재료 및 치과용 왁스; 소독제; 유해동물 구제제; 살균제, 제초제
6류	일반금속 및 그 합금; 금속제 건축재료; 이동식 금속제 건축물; 철도노선용 금속재료; 일반금속제 케이블 및 와이어{전기용은 제외한다}; 철제품, 소형금속제품; 금속관; 금고; 다른 류에 속하지 아니하는 일반금속제품; 광석
7류	기계 및 공작기계; 모터 및 엔진{육상차량용은 제외한다}; 기계연결기 및 전동장치의 구성부품{육상차량용은 제외한다}; 농업용 기구{수동식은 제외한다}; 부란기(孵卵器); 자동판매기

류구분	지정상품 내용
8류	수공구 및 수동기구; 칼붙이류; 휴대용 무기; 면도칼
9류	과학, 항해, 측량, 사진, 영화, 광학, 계량, 측정, 신호, 검사(감시), 구명 및 교육용 기기; 전기의 전도, 전환, 변형, 축적, 조절 또는 통제를 위한 기기; 음향 또는 영상의 기록용, 송신용 또는 재생용 장치; 자기 정보 기억 매체 및 녹음반; CD, DVD 및 기타 디지털 기록매체; 동전작동식 기계장치; 금전등록기, 계산기, 정보처리장치, 컴퓨터; 컴퓨터 소프트웨어; 소화기(消火器)
10류	외과용, 내과용, 치과용 및 수의과용 기계기구, 의지(義肢), 의안(義眼), 의치(義齒); 정형외과용품; 봉합용 재료
11류	조명용, 가열용, 증기발생용, 조리용, 냉각용, 건조용, 환기용, 급수용 및 위생용 장치, 가정용 전기기구
12류	수송기계기구; 육상, 공중 또는 수상이동장치
13류	화기(火器); 총포탄 및 발사체; 화약류; 불꽃
14류	귀금속 및 그 합금과 귀금속제품 또는 귀금속도금제품{다른 류에 속하는 것은 제외한다}; 보석류, 귀석(貴石); 시계용구
15류	악기
16류	종이, 판지 및 종이나 판지제품으로서 다른 류에 속하지 않는 것; 인쇄물; 제본용 재료; 사진; 문방구용품; 문방구 또는 가정용 접착제; 미술용 재료; 화필(畵筆) 및 도장용 붓; 타자기 및 사무용품{가구는 제외}; 교육용 재료{장치는 제외}; 포장용 플라스틱 재료{다른 류에 속하는 것은 제외}; 인쇄용 활자; 프린팅 블록

류구분	지정상품 내용
17류	고무, 구타페르카, 고무액(Gum), 석면, 운모 및 이들의 제품{다른 류에 속하는 것은 제외한다}; 제조용 압출성형플라스틱; 충전용, 마개용 및 절연용 재료; 비금속제 신축관
18류	가죽과 모조 가죽 및 그 제품{다른 류에 속하는 것은 제외한다}; 동물가죽(獸皮); 트렁크 및 여행용 가방, 가방, 지갑; 우산과 양산; 지팡이; 채찍, 마구(馬具)
19류	비금속제 건축재료; 건축용 비금속제 경질관(硬質管); 아스팔트, 피치 및 역청; 비금속제 이동식 건축물; 비금속제 기념물
20류	가구, 거울, 액자; 목재, 코르크, 갈대, 등나무, 고리버들, 뿔, 상아, 고래수염, 조개 껍질, 뼈, 호박(琥珀), 진주모(珍珠母), 해포석(海泡石)을 재료로 하는 제품과 이들 재료의 대용품 또는 플라스틱 제품{다른 류에 속하는 것은 제외한다}
21류	가정용 또는 주방용 기구 및 용기; 빗 및 스펀지; 솔{회화용과 도장용은 제외한다}; 솔 제조용 재료; 청소용구, 강철 울(Steel wool); 미가공 또는 반가공 유리{건축용은 제외한다}; 유리제품, 도자기제품 및 토기제품{다른 류에 속하는 것은 제외한다}
22류	로프, 끈, 망, 텐트, 차양막, 타폴린, 돛, 포대{다른 류에 속하는 것은 제외한다}; 충전용 재료{고무제 또는 플라스틱제는 제외한다}; 직물용 미가공 섬유
23류	직물용 실(絲)
24류	직물 및 직물제품{다른 류에 속하는 것은 제외한다}; 침대커버; 테이블커버

류구분	지정상품 내용
25류	의류, 신발, 모자
26류	레이스 및 자수포, 리본 및 브레이드(Braid), 비귀금속제 액세서리; 단추, 훅 및 아이(Hooks and eyes), 핀 및 바늘; 조화(造花)
27류	카펫, 융단, 매트, 리놀륨 및 기타 바닥깔개용 재료; 비직물제 벽걸이
28류	오락 및 놀이용구; 체조용품 및 운동용품{다른 류에 속하는 것은 제외한다}; 크리스마스 트리용 장식품
29류	육류, 어류, 가금 및 수렵대상이 되는 조수(鳥獸); 육(肉)즙; 절임, 조림, 냉동, 건조 및 조리된 과실과 채소; 젤리, 잼, 설탕에 절인 과실; 계란, 우유 및 그 밖의 유제품; 식용 유지(油脂)
30류	커피, 차(茶), 코코아 및 대용커피, 쌀, 타피오카와 사고(Sago), 곡분(穀粉) 및 곡물조제품, 빵, 과자, 빙과; 설탕, 꿀, 당밀(糖蜜); 효모, 베이킹 파우더; 소금; 겨자; 식초, 소스(조미료); 향신료; 얼음
31류	곡물과 농업, 원예 및 임업 생산물(다른 류에 속하는 것은 제외한다); 살아있는 동물; 신선한(가공하지 않은) 과실 및 채소; 종자, 자연식물 및 꽃; 사료; 맥아
32류	맥주; 광천수, 탄산수 및 기타 무주정(無酒精)음료; 과실음료 및 과실주스; 시럽 및 기타 음료용 조제품(調製品)
33류	알콜 음료{맥주는 제외한다}
34류	담배; 흡연용품; 성냥

[서비스업 분류]

류구분	지정 서비스업 내용
35류	각종 상품에 대한 도/소매업, 판매대행업, 판매알선업; 광고업; 기업관리업; 기업경영업; 사무처리업
36류	보험업; 재무업; 금융업; 부동산업
37류	건축물건설업; 각종 수선업; 설치서비스업
38류	통신업; 방송업
39류	운송업; 물품의 포장 및 보관업; 여행대행업
40류	재료처리업; 각종 가공업
41류	교육업; 출판업; 훈련제공업; 연예업; 스포츠 및 문화활동업
42류	과학적, 기술적 서비스업 및 관련 연구, 디자인업; 산업분석 및 연구 서비스업; 컴퓨터 하드웨어 및 소프트웨어의 디자인 및 개발업
43류	음식료품을 제공하는 서비스업, 레스토랑업, 임시숙박업
44류	의료서비스업; 수의사업; 인간 또는 동물을 위한 위생 및 미용업; 농업, 원예 및 임업 서비스업
45류	법무서비스업; 재산 및 개인을 보호하기 위한 보안서비스업; 개인의 수요를 충족시키기 위해 타인에 의해 제공되는 사적인 또는 사회적인 서비스업

위에 나열한 상품 분류와 서비스업 분류는 큰 카테고리별로 분류해 놓은 것에 불과하다. 실제로 상표를 출원하려면 자신이 사용하고자 하는 상품이나 서비스업의 류와 구체적인 지정상품을 특정해야 한다. 더 구체적인 내용은 특허청 홈페이지 www.kipo.go.kr 나 관련 사이트인 특허로 www.patent.go.kr 에서 확인할 수 있다.

최근에는 상품이나 서비스업이 퓨전fusion 이나 컨버전스convergence 의 경향을 많이 띄기 때문에 전형적인 상품이나 서비스업의 형태로 단순하게 규정짓기 어렵고, 또 지정상품(서비스업)의 명칭이 분류표에 예시된 것만으로 특정하기 어려운 경우가 많아지고 있다. 그러므로 위 분류표는 대략적인 내용을 확인할 때만 사용하고 더 정확하고 구체적인 내용은 전문가와의 상담을 통해 결정해야 할 것이다.

3. 상표 출원설명서
- 상표의 효과적인 사용 및 방어를 위한 출원방법

상표를 출원해서 등록을 받는 이유는 크게 2가지이다. 하나는 등록받은 상표를 내가 직접 사용하기 위한 것이고, 다른 하나는 내가 사용하는 상표와 동일하거나 유사한 상표를 다른 사람이 사용하지 못하도록 방어하려는 것이다. 이런 두 가지 효력을 약간 딱딱한 표현을 쓰자면 전자를 적극적 효력, 후자를 소극적 효력이라고 한다.

그런데 이러한 적극적 효력과 소극적 효력에는 약간의 차이가 있다. 즉, 내가 등록받은 상표를 사용하는 권리는 동일성 범위(등록받은 상표와 동일한 상표 및 등록받은 지정상품과 동일한 지정상품)에서 허용하고 있지만, 다른 사람이 상표를 사용하지 못하도록 방어하는 권리는 유사범위(등록받은 상표와 동일·유사한 상표 및 등록받은 지정상품과 동일·유사한 상품)에서 허용하고 있다.

상표권의 효력	동일 상품	유사 상품
동일 상표	적극적 효력	소극적 효력
유사 상표		

따라서 상표출원을 할 때 이러한 상표권의 효력을 충분히 고려해서 상표권 사용과 방어에 가장 효과적인 형태를 선택하여야 할 것이다. 그렇다면 상표의 효과적인 사용과 방어를 위해서는 어떤 것을 고려하여야 할까?

1. 한글상표와 영문상표의 출원은 따로 할까? 아니면 같이 할까?

어떤 상표를 등록받고자 할 때 한글상표와 영문상표를 하나의 상표로 등록받으면 한글 및 영문 모두에 대하여 보호를 받을 수 있다고 생각하는 경우가 많다. 그러나, '한글+영문'을 하나의 상표를 등록받는 경우 그 상표의 효력은 적극적 효력과 소극적 효력에서 차이가 있다.

예를 들어, '곰 BEAR' 상표를 출원했다고 가정하자. 먼저, '적극적 효력'의 경우 즉, 내가 사용하는 상표의 형태는 등록받은 그대로인 '곰 BEAR'의 형태로 사용되어야 하며, 그중 한글 '곰' 또는 영문 'BEAR' 부분만을 따로 사용하는 것은 원칙적으로 허용되지 않는다. (만약

에, '곰' 또는 'BEAR' 부분만을 따로 사용하는 경우 불사용취소심판 또는 부정 사용에 의한 취소심판의 대상이 될 수 있다)

한편, '소극적 효력' 즉, 다른 사람이 사용하는 것을 방어할 수 있는 상표의 형태는 등록받은 그대로인 '곰 BEAR'뿐만 아니라 그중 일부인 한글 '곰' 또는 영문 'BEAR'만을 사용하거나 'GOM', '베어', '배어' 등 등록상표와 유사한 형태의 상표까지 가능하다.

따라서 내가 주로 사용하는 상표의 형태가 영문이라면 영문상표만 등록을 받아도 무방한데, 그 이유는 영문만을 등록받더라도 제3자가 유사한 한글상표를 사용하는 것에 대한 방어가 가능하기 때문이다.

그렇다면, 영문상표와 한글상표를 모두 사용하되 그 둘을 결합한 '영문+한글'의 형태가 아닌 영문상표와 한글상표를 각각 사용하는 경우에는 어떻게 해야 할까? 영문상표는 영문상표대로, 한글상표는 한글상표대로 각각 사용하는 경우에는 '영문상표', '한글상표' 각각에 대한 상표권을 획득하는 것이 효과적인 출원방법이라 하겠다.

이와 같은 출원방법은 '도형상표+문자상표'의 경우에도 마찬가지다. 내가 주로 사용하는 상표의 형태가 '도형'과 '문자'가 결합한 상태라면 '도형+문자'의 형태로 출원하여 등록받는 것이 상표의 보호에 더 적합할 것이나, '도형 상표'와 '문자 상표'를 각각 사용한다면 '도형 상표' 및 '문자 상표' 각각에 대하여 상표권을 취득하여 보호받는 것이 바람직하다.

2. 글자체font 또는 상표의 색채를 변경하면 상표등록도 새로 해야 하나?

앞에서 설명한 것처럼 등록상표를 사용할 수 있는 범위는 동일성 있는 상표로 제한된다. 그렇다면 등록받은 상표에 있어 글자체font 또는 색채를 변경해서 사용하는 경우에는 상표의 동일성이 인정되는 것일까? 아니면 변경된 형태의 상표를 새로 출원해야 할까?

일반적으로 기존의 등록상표에 대하여 단순히 글자체 또는 색채를 변경하여 사용하는 것은 동일성의 범위로 인정해주고 있다. 그러나 글자체의 변경이 단순한 글자체의 변경을 넘어서 새로운 로고로서 인식될 정도의 변형이 있는 때에는 동일성의 범위에 포함되지 않을 가능성이 있으므로 기존 상표를 변경해서 사용하는 경우 반드시 전문가에게 상담을 받아볼 필요가 있다.

한편, 색채를 변경해서 사용하는 것에 대해서는 상표법에 명문화된 규정으로 동일성 범위 내의 사용으로 인정하고 있기 때문에, 보통 색채 자체에 특정한 의미가 부여되는 경우가 아니라면 흑백 상표로 출원하는 것이 일반적이다. 흑백으로 출원하더라도 상표의 권리보호에 큰 영향은 없다.

4. 상표의 자격
- 상표가 등록받기 위해 갖추어야 할 요소들

내가 사용하려는 상표를 등록하려면 몇 가지 확인할 사항이 있다. 상표로 등록하기 위해 갖추어야 할 자격 중 중요한 몇 가지를 살펴보자.

1. 등록할 상표가 사물의 일반적인 명칭(보통명칭)은 아닌지 확인한다

만약, 어떤 사람이 'Apple'이라는 상표를 '사과'라는 상품의 상표로 등록해 쓸 수 있게 된다면 오직 그 사람만이 '사과'를 'Apple'이라고 부를 수 있는 권리를 가지게 될 것이다. 이것은 다른 사람 입장에서는 마치 아버지를 아버지라 부르지 못하고 형을 형이라 부르지 못하는 홍길동의 상황이 될 수 있기 때문에 이러한 단어들은 나만의 상표가 될 수 없다.

[관련 판례] 상품 '커피시럽, 우유 음료 등'에 대하여 보통명칭에 해당하는 상표

Caffe Latte

판례는 출원상표 'Caffe Latte'는 본래 이탈리아 사람들이 즐겨 마시는 진한 커피인 에스프레소 커피에 우유를 넣은 밀크커피를 뜻하는 이탈리아 말로서,

- 커피전문점인 헌터스 로지Hunters Lodge, 스타벅스Starbucks, 커피빈The Coffee Bean & Tea Leaf, 세가프레도Segafredo 등에서 반포하는 메뉴판이나 커피 종류 안내 책자에도 밀크커피의 한 종류로 표시되어 있고,
- 1999. 2. 10. 발행된 '커피 좋아하세요?', 1996. 9. 20. 발행된 '커피의 세계' 등에도 'Caffe Latte(카페라테)'가 에스프레소 커피에 우유를 타서 마시는 이탈리아식 커피의 한 종류로 설명되고 있는 사실, (중략)
- 엣센스 영한사전(민중서림, 2001. 2. 15. 발행 제8판)에도 인용상표인 'Caffe Latte'가 이탈리아어에서 비롯된 단어로 밀크커피의 뜻을 갖는 것이라고 기재되어 있는 등을 고려할 때

위 사실을 인정하면서 'Caffe Latte'는 이탈리아식 에스프레소 커피에 우유를 넣은 커피를 지칭하는 보통명칭으로서 일반 수요자들에게 널리 알려져 식별력이 없게 된 표장으로, 등록을 받을 수 없다고 판시하였다.

까페라떼 출원번호 40-1999-0007051, 출원일 1999-03-08, 거절
Caffe Latte 출원번호 40-1999-0007052, 출원일 1999-03-08, 거절

's comment !

다만, 어떤 상표가 보통명칭에 해당하는지는 등록받고자 하는 지정상품과의 관계를 고려하여 판단된다는 점에 유의할 필요가 있다. 즉, 'Apple'이라는 단어의 보통명칭에 해당하는 '사과'로는 등록을 받을 수 없지만, 사과가 아닌 '컴퓨터' 등의 상품에 사용하는 경우에는 나만이 독점할 수 있는 상표가 될 수 있다.

2. 내가 등록받고자 하는 상표가 해당 업계에서 널리 사용되고 있는 명칭(관용표장)은 아닌지 확인한다

내가 등록받고자 하는 상표가 거래업계에서 오랜 시간 동안 널리 사용되어 특정한 제품명 또는 서비스업 명을 지칭하는 것으로 인식된 용어라면 나만이 독점할 수 있는 상표가 될 수 없다.

[관련 판례] 상품 '떡'과 관련하여 관용표장에 해당하는 상표

> 벙어리찰떡(버버리찰떡)

벙어리찰떡 또는 버버리찰떡(버버리는 벙어리의 안동지역 사투리이다. 이하 벙어리찰떡과 버버리찰떡을 통틀어 '벙어리찰떡'이라 한다)은 물에 불린 찹쌀을 찌고 절구에 오래 치댄 뒤 큼직하게 썰어 양쪽에 팥고물, 콩고물, 깨고물을 묻힌 안동지역의 별미 떡을 가리키는 명칭이다.

버버리찰떡은
① 안동지역에서 떡을 생산, 판매하는 동업자들에 의하여 오래전부터 위와 같은 종류의 떡을 가리키는 제품명으로 사용되어 온 사실,
② 벙어리찰떡은 김노미가 1920년경 안동시 안흥동에 차린 떡집에서 판매한 떡이 시초로서, 그 명칭은 고객들이 김노미의 둘째 아들 권봉필이 벙어리인 것을 보고 김노미의 떡집을 '벙어리네 떡집'이라 부른 것에서 유래된 것인데 김노미나 그로부터 영업을 승계한 자가 이 사건 등록상표의 등록결정일 이전에 벙어리찰떡에 관하여 지정상품을 '떡'으로 하여 상표등록을 받아서 이를 관리하여 온 바 없고, 김노미 이외에도 민죽희 등이 이 사건 등록상표의 등록결정일 이전에 안동에서 벙어리찰떡이란 명칭의 떡을 생산, 판매하였던 사실,
③ 1988년 발간된 계간지 '안동'의 봄호에는 '안동 하면 생각나지요, 버버리찰떡'이라는 제목으로 벙어리찰떡에 대하여 다룬 글이 실렸고, 2004. 11. 22.자 한겨레 신문과 2004. 11. 23.자 연합뉴스 및 2004. 12. 6.자 조선일보에는 벙어리찰떡이 안동지역에서 오랫동안 서민들의

간식으로 사랑받아온 음식이라는 내용의 기사가 실렸던 사실,
④ 또한, 2002. 2. 발간된 학술지 '안동개발연구'에는 '향토지적재산소재의 평가-선정'이라는 제목으로 벙어리찰떡에 대하여 상표등록을 하여 안동시의 지적재산권으로 관리하여야 한다는 내용의 논문이 발표되기도 하였던 사실을 인정할 수 있으며,

이러한 인정 사실에 의하면, 이 사건 등록상표인 '벙어리찰떡'은 1920년경부터 2005. 1. 18.경까지 약 80년간 안동지역에서 떡을 생산, 판매하는 동업자들 사이에 특정 종류의 떡을 가리키는 제품명으로 자유롭게 사용됐다고 할 것이므로, 이는 상표법 제6조 제1항 제2호에 규정된 관용표장에 해당한다고 판시한 바 있다.

등록번호 40-0704376, 등록일 2007-03-29, 등록무효

's comment !

어떤 상표가 관용표장에 해당하는지 또한 등록받고자 하는 지정상품과의 관계를 고려하여 판단한다. 왜냐하면, 관용표장이라는 말의 의미 자체가 거래업계에서 오랜 시간 동안 널리 사용되어 특정한 제품명 또는 서비스업 명을 지칭하게 된 것이므로 그 특정한 제품 또는 서비스업에서만 식별력이 없는 표장으로 보아야 하기 때문이다.

3. 내가 등록받고자 하는 상표가 사물의 성질을 표시하는 명칭은 아닌지 확인한다

어떤 제품의 산지(굴비-영광), 품질(베스트), 원재료(넥타이-실크), 효능(복사기-Quick Copy) 등 사물의 특성을 표시하는 단어 또한 특정인에게 독점시킬 수 없는 단어이기 때문에 원칙적으로 상표 등록이 허용되지 않는다.

• 식별력이 없어 등록이 거절된 사례 •

[관련 판례 1] 서비스업 '멕시코 음식 전문 레스토랑업'과 관련하여 원재료 표시에 해당하는 상표 'TOMATILLO'

판례는 멕시코음식 전문레스토랑업(멕시코식 TACO 요리를 주메뉴로 하는 업종에 한함) 등을 지정서비스업으로 하고 위와 같이 구성된 서비스표와 관련하여, 상단 중앙의 'TOMATILLO'의 'T'가 그 옆 상·하단 부분에 모두 걸쳐 있는 표장의 형태로부터 일반 수요자나 거래자들에게 'TOMATILLO'로 인식될 수 있는데, 이 사건 심결 당시 국내의 사전 등

에 토마틸로~Tomatillo~가 '주로 멕시코와 미국 남부가 원산지인 가짓과(科) 꽈리속(屬)의 1년 초(草)로서 자주색 열매가 식용으로 사용되는 식물이고 멕시코 요리에 즐겨 사용되는 음식재료'라는 점이 나타나 있었고, 이 외에도 인터넷이나 국내에 시판된 서적 등을 통해 '토마틸로가 식용 열매로서 음식재료로 사용된다'는 점이 국내에도 알려졌었다는 점을 근거로 지정서비스업의 거래자들은 위 서비스표를 보고 그 지정서비스업에서 제공되는 멕시코 음식의 원재료를 뜻하는 'TOMATILLO'로 인식할 것이기 때문에 서비스표 등록을 받을 수 없다고 판시하였다.

출원번호 41-2008-0023836, 출원일 2008-09-05, 거절

[관련 판례 2] 상품 '진공청소기'와 관련하여 품질 또는 용도표시에 해당하는 상표 'POWERCYCLONE'

POWERCYCLONE

출원상표 'POWERCYCLONE'은 2개의 영어단어로 구성된 문자표장으로서, 그 중 'Power'는 '힘, 강한 힘, 능력' 등의 의미를, 'Cyclone'은 '(인도양 등지에서 발생하는) 열대성 저기압, 대폭풍, 원심분리식 집진장치(遠心分離式 集塵裝置)' 등의 의미가 있고, 특히 Cyclone은 전기진공청소기 등 상품과 관련하여 '먼지 봉투가 필요 없는 원심분리식 집진장치'를 의미한다.

이 'Cyclone 방식'을 채용한 전기진공청소기는 2001년부터 국내에 소개되고 2005년 1분기 무렵에는 원고(엘지전자 주식회사)와 피고보조참가인(삼성전자 주식회사)을 포함하여 전기진공청소기를 제조하는 가전업체 대부분이 생산, 판매하여 약 7:3의 비율로 일반 청소기보다 더 많이 판매되기에 이르렀으며, 그 과정에서 'Cyclone 방식'이 전기진공청소기에 채용되는 '원심분리식 집진장치를 채용한 방식'을 의미한다는 점이 일반 수요자나 거래자에게 카탈로그 등 다양한 광고매체를 통해 홍보되고 신문기사나 인터넷 자료 등을 통해 널리 알려진 사실이 인정된다.

따라서 출원상표 'POWERCYCLONE'을 그 지정상품 중 '전기진공청소기'에 사용할 경우 일반 수요자나 거래자는 '강력한 원심분리식 집진장치를 채용한 전기진공청소기'를 의미하는 것으로 직감하거나 적어도 '강력한 사이클론 방식을 채용한 전기진공청소기'를 의미하는 것으로 직감할 것이다.

그러므로 출원상표 'POWERCYCLONE'은 전체적으로 지정상품 중 전기진공청소기나 전기진공청소기 먼지통의 성질(효능, 용도)을 보통으로 사용하는 방법으로 표시한 표장만으로 된 상표에 해당하여 식별력이 없고 또한 이를 특정인에게 독점·배타적으로 사용하게 하는 것은 공익에도 반하므로 등록받을 수 없다.

출원번호 40-2004-0055435, 출원일 2004-12-07, 거절

 's comment !

위 판례에서 알 수 있듯이 상품의 성질(원재료, 품질, 효능 등)을 표시하는 단어는 원칙적으로 상표등록을 받을 수 없지만, 식별이 없거나 부족한 단어라 하더라도 다른 식별력 있는 문자나 도형을 결합하여 출원하거나 그 단어 자체를 도안화하여 문자 자체로서가 아닌 식별력을 갖는 하나의 로고상표로서 인지될 수 있는 경우에는 그 자체를 상표 등록을 받을 수 있다.

예를 들어, 위에서 살펴본 상표 'POWERCYCLONE'의 경우 지정상품 '전기진공청소기'와 관련하여 '강력한 사이클론 방식(원심분리식 집진장치)을 채용한 전기진공청소기'로 인식되므로 식별력이 없다는 이유로 등록이 거절되었으나, 문자 'Power Cyclone'에 도형이 결합한 아래의 국제상표등록 제10927713호의 경우에는 지정상품 '전기진공청소기'에 대하여 2013.8.23.자로 우리나라에서 등록되었다.(이 상표의 국제등록일은 2012.11.27일이다)

국제등록번호 1142686, 등록일 2012-11-27

다만, 위와 같은 방법으로 등록된 상표의 경우에는 식별력 없는 문자 자체에 대해서 상표권의 효력이 발생하는 것은 아니며 '식별력 있는 문자나 도형이 결합한 전체상표' 또는 '로고화된 상표 자체'에 대하여 상표권의 효력이 발생하는 것이므로 상표권의 효력 범위가 일정 부분 제한될 수 있다는 점에 주의하자.

• 식별력을 인정받아 등록된 사례 •

[관련 판례 3] 서비스업 '전자우편업'과 관련하여 식별력이 있는 상표로서 등록 가능한 상표 'Gmail'

G✉ail

(관련 설명)
위 상표는 google. Inc.에서 2006.5.29.자로 제38류의 '전자우편업 Electronic mail services' 등을 지정서비스업으로 하여 출원한 상표이다. 특허청은 본 상표에 대하여 1자의 영문자 'G'와 '통신, 우편' 등을 뜻하는 'Mail'이 결합한 표장으로서 서비스업의 제공목적, 제공수단 등을 직감시키는 서비스표에 해당하며, 비록 문자 'M'이 봉투 모양으로 도안화되어 있기는 하나 도안화의 정도가 문자의 인식력을 압도할 정도에 이르지 못한다는 이유로 거절하였다.

출원인은 이러한 특허청의 심사결과에 불복하여 특허심판원에 거절결정 불복심판을 제기하였으나 특허심판원에서도 역시 식별력이 없다는 이유로 역시 그 등록을 인정하지 않았다.

그러나 출원인은 특허심판원에 다시 불복하는 소를 특허법원에 청구하였으며 대법원까지 진행된 결과, 본 상표는 2009.2.17.자로 최종 등록을 인정받게 되었다. 특허법원에서 위 상표의 등록을 인정하게 된 이유는 다음 판결내용을 통하여 상세하게 확인할 수 있다.

(판결내용)

위 서비스표는 영문자 'G', 영문자 'M'을 편지봉투 모양으로 도형화한 '✉' 및 영문자 'ail'이 띄어쓰기 없이 일체로 결합한 표장으로서, 위 도형에서 영문자 'M' 부분이 굵게 처리되고 편지봉투 모양이 전자우편인 'e-mail' 서비스에서 흔히 사용되는 도형이어서 이 '✉ail'이 'mail'로 직감된다는 점 등에 비추어 볼 때, 'Gmail'로 호칭, 관념되는 표장이라 할 것이다.

그런데 위 'Gmail'로부터는 'G의 메일' 또는 'G와 관련된 메일' 등의 관념이 직관적으로 도출될 뿐이고, 출원서비스표 'G✉ail'의 전체적인 구성에 비추어 볼 때 일반 수요자나 거래자들이 이 표장을 지정서비스업인 '전자우편업'의 단순한 목적, 수단 등 성질을 표시하는 것으로 인식한다고 보기 어렵다.

표장 중 'mail'은 이 사건 출원서비스표의 지정서비스업인 '전자우편업' 등의 성질을 나타내는 기술적 표장에 해당한다 할 것이나, 영문자 'G' 및 편지봉투 모양의 도형으로 도안화된 'M'이 결합하여 구성된 전체가 성질표시 표장에 해당하며 모든 사람에게 그 사용이 개방되어야 하는 표장이라고 볼 수 없다.

또한, 이 사건 출원서비스표의 지정 서비스업인 전자우편업 등이 비교적 소수의 인터넷 검색엔진 업체들에 의하여 주로 제공되고 있고, 특히 원고가 세계 최대의 인터넷 검색엔진인 'Google'을 통하여 인터넷 검색 서비스와 광고 등의 사업을 하는 점 등에 비추어 볼 때, 일반 수요자나 거래자가 'Gmail'을 'Google의 메일 서비스'로 인식할 가능성도 적지 아니하므로 이 서비스표는 서비스업의 성질을 보통으로 표시하는 표장에 해당한다고 할 수 없고 식별력이 있으므로 이 상표는 등록이 가능하다.

등록번호 41-0181561, 등록일 2009-02-17

's comment !

일반적으로 사람들은 자신의 상품이나 서비스업의 특징을 표현할 수 있는 단어를 상표로 사용하기를 원하는 경우가 많으나, 우리 상표법은 상품 또는 서비스업의 특징을 직접적으로 표현하는 단어를 어느 한 명이 독점하는 것은 공익상 적합하지 않다는 이유로 그 등록을 제한하고 있다.

하지만 직접적인 표현이 아닌 간접적인 표현 즉 은유적이거나 암시적으로 상품이나 서비스업의 성질을 표현하는 단어는 등록이 가능하다. 예를 들어, 'QUEEN'이라는 단어를 '화장품'에 상표로 등록받고자 하는 경우 일반수요자들은 '여왕'이라는 의미가 있는 단어 'QUEEN'에서 여왕이 사용하는 고급스러운 화장품의 이미지를 간접적으로 연상할 수는 있을 것이나 이는 '화장품'의 품질이나 효능을 직접적으로 표현하는 것이 아닌 간접적으로 암시하는 정도에 불과하므로 상표로서 등록이 가능하다.

4. 내가 등록받고자 하는 상표가 특정 지역명을 표시하는 명칭은 아닌지 확인한다

'서울', '뉴욕', '한라산' 등과 같이 특정 지역명을 표시하는 명칭은 나 혼자만 사용할 수 있는 단어들이 아니다.

• 현저한 지리적 명칭에 해당하여 등록받을 수 없는 사례 •

[관련 판례] 지명 베네치아 'VENEZIA'

VENEZIA
베네치아

'VENEZIA 베네치아'는 베네치아만 안쪽의 석호 위에 흩어져 있는 118개의 섬이 약 400개의 다리로 이어져 섬과 섬 사이의 수로가 중요한 교통로가 되어 독특한 시가지를 이루며 흔히 '물의 도시'라고 불리는 아름다운 수상도시로서 그 도시 가운데 있는 산마르코 대성당, 두칼레 궁전, 아카데미아 미술관 등은 미술/건축예술의 보고로 세계적으로 알려져 있다.

또한, 영어로 '베니스'로 불리는 '베네치아'는 이탈리아의 중요한 관광지이자 화학/기계공업의 중심지이며, 베네치아항의 물류 취급량은 이탈리아의 3위를 차지하고 있을 뿐만 아니라 인터넷 사이트 야후에서 한글로 '

'베네치아'를 검색하면 9,656개의 웹페이지가 검색되고, 검색된 내용 대부분이 '베네치아'가 이탈리아의 유명한 도시이자 관광지임을 소개하는 있는 사실 등에 비추어볼 때 이 서비스표 'VENEZIA 베네치아'는 이탈리아의 유명한 관광도시이자 공업항구도시를 나타내는 현저한 지리적 명칭에 해당한다고 할 것이다.

등록번호 41-0055662, 등록일 1999-07-19, 등록무효

's comment !

우리 상표법은 현저한 지리적 명칭에 해당하는 단어를 어느 한 명이 독점하는 것은 공익상 적합하지 않다는 이유로 그 등록을 제한하고 있으며, 현저한 지리적 명칭에 해당하는 단어의 경우에는 앞서 살펴본 보통명칭, 관용표장 commonly used mark, 성질표시 표장 (기술적 표장 descriptive mark)과는 달리 상품 또는 서비스업의 종류를 불문하고 등록받을 수 없는 것으로 보고 있다.

5. 내가 등록받으려는 상표가 간단하고 흔한 명칭은 아닌지 확인한다

1글자의 한글, 2글자 이내의 영문 또는 숫자 등은 원칙적으로 등록이 불가하다. 그러나 도안화 등에 의하여 전체로서 식별력 있는 표장으로 인정되는 경우에는 등록받을 수 있다.

[관련 판례] 2자의 영문 R과 M으로 구성된 상표이지만, 전체 구성으로 볼 때 간단하고 흔한 표장에 해당하지 않는 상표로서 등록 가능한 상표

이 상표의 각 구성 부분인 정육각형의 도형이나 영문자 'R', 'M' 및 이들 영문자를 연결하고 있는 '하이픈(-)'은 그 자체로서는 모두 간단하고 흔하여 식별력이 있다고 보기 어렵지만, 이 상표는 정육각형의 도형 안에 R과 M을 하이픈(-)으로 연결한 'R-M'을 위치시켜 새로운 이미지를 느낄 수 있게 구성하였다. 이렇게 구성한 상표는 전체적으로 볼 때 수요자가 누구의 업무에 관련된 상품을 표시하는 것인가를 식별하기에 충분하므로 간단하고 흔히 있는 표장만으로 된 상표라고 보기 어렵다.

등록번호 41-0631374, 등록일 2005-09-14

's comment !

간단하고 흔한 표장에 해당하는지를 판단하는 기준으로 1자의 한글, 2자 이내의 영문 또는 숫자 등이 제시되고 있기는 하지만, 이러한 기준이 일률적으로 적용되는 것은 아니다.

즉, 1글자의 한글이라 하더라도 그 자체에 의미가 있는 단어인 경우(예를 들어, '곰', '닭', '해', '별', '달' 등)에는 등록이 가능할 수 있으며, 연속되는 숫자의 경우(예를 들어, '123', '100')에는 3자로 구성되어 있다고 하더라도 등록이 불가능할 수도 있다는 점에 유의하자.

6. 등록받으려는 상표가 기타 식별력 없는 상표에 해당하지는 않는지 확인한다

우리 상표법은 일반적으로 널리 쓰이는 구호, 표어, 인사말이나 유행어 등 기타 수요자가 누구의 업무와 관련된 상품을 표시하는 것인가를 식별할 수 없는 상표 또는 공익상 특정인에게 독점시키는 것이 적합하지 않다고 인정되는 표장에 대해서는 등록이 불가한 것으로 규정하고 있다.

어떤 상표가 식별력 없는 상표에 해당하는지는 그 상표가 지니고 있는 관념, 지정상품과의 관계 및 거래사회의 실정 등을 고려하여 객관적으로 결정하게 되는데, 일반적으로 다음과 같은 경우에 식별력이 없다고 보고 있다.

① 외관상으로 보아 사회 통념상 자타상품의 식별력을 인정하기 곤란한 경우 – 예시: http://, www 등
② 많은 사람이 현실적으로 널리 사용하고 있어 식별력이 인정되지 않는 경우
③ 공익상 특정인에게 그 상표를 독점시키는 것이 적합하지 않다고 인정되는 상표의 경우
- 예 1: 통신과 관련하여 NET, COM, TEL, WEB 등
- 예 2: 정보자료제공과 관련하여 NEWS, DATA 등
- 예 3: 금융과 관련하여 CASH, CARD 등

• **기타 식별력이 없는 상표로 판단된 사례** •

[관련 판례] 상표 'MONTESSORI' 및 '몬테소리'

| MONTESSORI | 몬테소리 |

'몬테소리' 및 'MONTESSORI'라는 단어는 유아교육 관련 업계 종사자와 거래자는 물론 일반 수요자들 사이에서도 특정 유아교육법 이론이나 그 이론을 적용한 학습교재·교구를 지칭하는 것으로 널리 인식·사용되고 있음을 알 수 있다.

한편, 등록상표 '**MONTESSORI**'의 지정상품 일부는 유아교육이나 유아교육 교재·교구와 밀접한 관련이 있는 상품(서비스업)이다.
이러한 사정으로 보아, 특별히 도안화되지 않은 영문자 '**MONTESSORI**'로만 구성된 이건 등록상표는 이 사건 지정상품과 관련하여 자타상품의 출처표시로서 식별력이 있다고 볼 수 없을 뿐만 아니라 특정인에게 독점시키는 것이 적당하지도 아니하므로, 이 사건 등록상표는 상표법 제6조 제1항 제7호 소정의 '수요자가 누구의 업무에 관련된 상품을 표시하는 것인가를 식별할 수 없는 상표'에 해당한다.

MONTESSORI 등록번호 40-0427949, 등록일 1998-11-02, 등록무효(일부)
몬테소리   등록번호 41-0051732, 등록일 1998-12-31, 등록무효(일부)

• 식별력이 있는 상표로 판단된 사례 •

[관련 판례] 상표 'engineering your competitive edge'

> engineering your competitive edge

출원상표나 출원서비스표가 상표법 제6조 제1항 제7호(식별력 없는 상표)에 해당하여 식별력이 없는지는 그 지정상품이나 지정서비스업과의 관계에서 일반수요자가 그 출처를 인식할 수 있느냐에 따라서 결정될 것이다. (대법원 1997. 2. 28. 선고 96후979 판결 참조)

그러므로 출원상표나 출원서비스표가 여러 개의 단어로 이루어진 문구 혹은 문장으로 구성되었다는 이유만으로 식별력이 없게 되어 상표법 제6조 제1항 제7호에 해당한다고 할 수 없을 것이다.

나아가 지정상품이나 지정서비스업과 관련하여 볼 때에 그 출처를 표시한다고 하기보다는 거래사회에서 흔히 사용되는 구호나 광고 문안으로 인식되는 등의 사정이 있어 이를 특정인이 독점적으로 사용하도록 하는 것이 부적절하게 되는 경우에 상표법 제6조 제1항 제7호에 의하여 그 등록이 거절되어야 할 것이다.

원심판결 이유를 위 법리와 기록에 비추어 살펴보면, 원고의 이 사건 출원상표/서비스표는 'engineering your competitive edge'와 같이 4

개의 영어 단어가 한데 어우러진 영어 문구로 구성된 것으로서 우리나라의 영어보급 수준에 비추어 볼 때 일반 수요자나 거래자가 그 의미를 직감할 수 있다고 하기 어려워 그 의미를 근거로 하여 식별력을 부정하기 어렵고, 나아가 설령 일반 수요자나 거래자가 그 의미를 쉽게 인식할 수 있다고 하더라도 '당신의 경쟁력을 가공하여 (높여)준다'는 정도로 인식할 것으로 보이므로, 그 문구 내에 '날'이나 '모서리'를 의미하는 영어 단어 'edge'가 포함되어 있다고 하더라도 그 지정상품 중 '금속절단공구, 절단공구'나 지정서비스업 중 '도구 및 절단장치의 형상화와 관련한 기술 상담업' 등과 관련하여 지정상품이나 지정서비스업의 품질, 용도, 형상 등을 나타내는 기술적인 표장이라거나 혹은 거래계에서 흔히 쓰일 수 있는 구호나 광고문안 정도로 인식될 것이라고 단정하기 어려워 지정상품이나 지정서비스업 등의 출처를 표시하지 못하는 사정이 있다고 하기는 어렵다고 할 것이다.

국제등록 811551, 등록일 2003-05-19

's comment !

본 규정과 관련하여 2014년 개정된 상표 심사기준에서는 방송이나 인터넷 등을 포함한 정보통신매체를 통하여 일반인들이 널리 사용하게 된 방송프로그램이나 영화, 노래의 제명 등도 '유행어'에 해당하는 것으로 본다는 내용을 신설하여(예: 1박 2일, 강남스타일 등) 본 규정의 적용 범위가 강화되었으므로 상표 출원 시 각별한 주의가 필요하다.

4. 상표의 자격

7. 내가 등록받고자 하는 상표가 저명한 타인의 이름이나 상호에 해당하는 명칭은 아닌지 확인한다

'오바마', '서태지' 등 저명한 타인의 이름 등을 상표로 사용할 수 없다. 다만, 저명한 타인의 동의가 있는 때에는 등록 가능하다.

그러나 만약 타인의 이름이 아닌 내 이름인 경우에는 유명인과 동일하다 할지라도 사용 가능하다. 예를 들어, '이영자'라는 이름을 가진 사람이 '이영자의 소문난 옥돔'과 같은 상표를 등록받는 것은 가능하다는 것이다.

• 저명한 타인의 성명에 해당하여 상표등록이 거절된 사례 •

[관련 판례] 상표 'TIGER WOODS'

TIGER WOODS

골프선수 타이거 우즈 TIGER WOODS는 TIGER WOODS라는 본원 상표출원일 이전부터 이미 각종 골프대회에서 우승하여 골프 신동으로 불리고 있었으며 우리나라를 비롯하여 세계 각국으로 유통되는 뉴스위크 NEWSWEEK 등에 타이거 우즈에 대한 기사가 게재된 사실을 인정할 수 있다. 또한, 생활 수준이 향상됨에 따라 스포츠에 대한 관심이 고조되어 일반인들이 각종 경기분야에 있어서 유명한 선수들의 이름을 기억하는 우리 사회의 실

정 등을 고려하면 'TIGER WOODS' 본건 상표 출원 전부터 우리나라의 일반수요자들에게 타이거 우즈 선수가 널리 알려졌다고 볼 수 있다.

다음으로, 본원 상표가 지정상품에 사용될 경우 수요자를 기만할 염려가 있는지에 대해 살펴보면, 수요자를 기만할 염려가 있는 상표를 부등록사유로 둔 취지는 수요자의 이익을 보호하기 위한 것으로, 당해 상표의 구성 자체를 기준으로 당해 상표가 거래될 경우 거래사회의 통념상 상품의 출처 또는 영업의 혼돈을 초래케 할 염려가 있는 상표가 이에 해당한다고 할 수 있다.

본원 상표의 구성은 미국 골프선수의 성명인 타이거 우즈와 동일하고, 현 시점에서 볼 때 타이거 우즈는 우리나라 일간신문에 게재된 타이거 우즈 관련 기사 등에 의해 우리나라의 일반 수요자들에게 세계적인 골프선수로 이미 널리 알려져 있다.

타이거 우즈를 비롯한 외국의 유명인들이 그들의 명성을 경제적으로 이용하기 위해 자기의 성명을 상표로 사용하고 있는 현실을 고려하면 본원 상표를 스포츠 셔츠 등에 사용할 경우 일반 수요자들로 하여금 본원 상표를 사용한 상품이 타이거 우즈 또는 그와 관련 있는 자가 생산 또는 판매하는 제품인 것으로 혼동을 일으키게 할 염려가 있다.

출원번호 40-1995-0028164, 출원일 1995-07-21, 거절

's comment !

성명상표와 관련한 내용은 Guide 4 '13. 상표 워드 더 스타'에서 소개한 다양하고 재미있는 사례들을 읽어보면 더 잘 이해할 수 있을 것이다. 성명상표의 경우 단순히 상표법에 규정되어 있는 내용뿐 아니라 Guide 4 '17. 상친소(상표의 친구를 소개합니다)'에서 소개할 퍼블리시티권 Right of Publicity 과의 관계도 함께 생각해 볼 필요가 있다.

8. 내가 등록받고자 하는 상표가 국내 또는 외국에서 다른 사람이 먼저 사용한 상표로서 이미 알려진 상표는 아닌지 확인한다

상표법에서는 다른 사람이 이미 사용하고 있는 상표를 모방하여 출원한 상표에 대해서는 정당한 권리를 인정할 수 없다는 취지 하에 모방상표에 대한 제재규정을 두고 있다.

다음은 모방상표로 인정되어 상표등록이 거절되는 2가지 요건이다.
① 국내 또는 외국의 수요자 간에 특정인의 상품을 표시하는 것이라고 인식된 상표와 동일 또는 유사한 상표로서
② 부당한 이익을 얻으려 하거나 그 특정인에게 손해를 끼치려고 하는 등 부정한 목적을 가지고 사용하는 상표일 것

• 타인의 선사용상표를 모방한 상표로 인정된 사례 •

[국내상표 사례] 상표 '돌곰네'

돌곰네

(관련 설명)
삼성동에 거주하는 심OO씨는 상표 '돌곰네'를 2007.9.3.자로 제43류의 '식당체인업, 한식점업' 등을 지정서비스업으로 하여 출원하였다.

한편, 2006년부터 논현동에서 '돌곰네'라는 서비스표를 사용하여 '식당업'을 운영하고 있던 이OO씨는 심OO씨가 상표 '돌곰네'를 출원한 사실을 알고 2008.8.14.자로 심판을 청구하였다. 무효심판에서 이OO씨는 심OO씨의 상표 출원 전인 2006.3.부터 '돌곰네'라는 상표를 사용하였고 인터넷 사이트나 신문 등에 맛집으로 소개됨에 따라 수요자들에게 상당히 알려지게 되었다고 주장하였고, 특허심판원은 이러한 이OO씨의 주장을 받아들여 본 상표등록은 무효라는 심결을 내리게 된다.

이에 심OO씨는 상기와 같은 특허심판원의 판단에 대하여 다시 불복하는 소를 특허법원에 청구하였으나, 특허법원에서 이를 받아들여 주지 않음에 따라 본 상표는 최종 무효가 확정되었다.

특허법원에서 본 상표 '돌곰네'의 무효를 인정하게 된 이유는 다음 판결 내용을 통하여 상세하게 확인할 수 있다. 판례 내용에서는 원고를 심OO

씨로 피고를 이OO씨로 이해하면 된다.

(판결 내용)

이 상표 분쟁의 피고인은 2005. 8. 1. 서울 강남구 논현동 105에 '대모산집'이라는 상호로 한식당을 열었다가, 2006년 초부터 상호를 '돌곰네'로 변경하여 문어요리 등을 판매하였다. 피고인의 식당은 2006. 3. 무렵부터 이 사건 등록상표의 출원일인 2007. 9. 3.까지의 기간에 다수의 연예인을 포함한 수요자들이 이용하였고, 인터넷 사이트나 신문에 맛집으로 추천되었으며, 경향신문, 부동산신문 등에 문어요리 전문점으로 소개된 사실이 인정된다.

위 사실에 의하면, 이 사건 등록서비스표의 출원 당시 국내의 한식점업에 관한 수요자들 사이에 특정인의 서비스업을 표시하는 것으로 인식되어 있었다고 할 선사용 서비스표 '돌곰네'는 국어사전에 등재되어 있지 않고 이 사건 등록서비스표의 출원 당시 그 지정서비스업(식당업 등)과 관련하여 피고 이외의 사람이 전혀 사용하지 않은 것에 비추어 피고가 창작한 것으로 보인다.

또한, 이 사건 등록서비스표와 선사용 서비스표의 표장과 지정(사용)서비스업이 실질적으로 동일한 점, 선사용 서비스표가 수요자들 사이에 상당한 정도로 알려져 있는 데다, 원고의 주소지와 피고가 선사용 서비스표를 사용한 영업장소가 모두 서울 강남구인 것으로 보아, 원고가 선사용 서비스표의 존재를 알고 있었을 것으로 보인다. 원고는 선사용 서비스표가 등록되어 있지 않음을 알고 이를 모방한 상표를 등록하여 사용함으로

써 선사용 서비스표에 화체된 피고의 영업상의 신용이나 고객흡인력 등에 편승하여 부당한 이득을 얻으려는 부정한 목적으로 이 사건 등록서비스표를 출원하였다고 인정된다. 이에 원고의 상표 등록은 무효이다.

등록번호 41-0169162, 등록일 2008-06-23, 등록무효

[외국상표 사례 1] 상표 'HOLLISTER'

1. A&F는 1892년 설립된 미국 굴지의 의류 제조, 판매업체로서, 2000. 7. 27. 미국 오하이오주에 10대 청소년을 주된 구매층으로 하여 HOLLISTER 상표가 부착된 의류, 가방류 등 패션 관련 제품(이하, 'HOLLISTER' 상품이라고 부른다)을 판매하는 전문매장('HOLLISTER' 상품만을 판매하는 소매점)을 개설하면서 'HOLLISTER' 상표를 사용하기 시작하였고, 문자상표와 동물 로고상표를 같이 사용하여 상품을 판매하고 판촉하는 패션업계의 동향에 따르기 위해, 2003. 3. 31.경 이 사건 선사용상표를 도안하여 그 무렵부터 2006년 봄까지는 대부분의 'HOLLISTER' 상품에, 2006년 봄 이후에는 모든 'HOLLISTER' 상품에 'HOLLISTER' 상표 외에 이 사건 선사용상표도 부착하여 사용해왔다.

2. A&F는 'HOLLISTER' 상품을 전문매장에서만 판매하다가 2003년 7월 2일부터는 'www.HOLLISTERco.com' 웹사이트를 통해서도 판매해 왔는데, 'HOLLISTER' 상품의 연 매출액은 2000년에는 7천 8백만 달러, 2001년에는 3억 3천 7백만 달러, 2002년에는 1억 5천 1백만 달러, 2003년에는 3억 1천 8백만 달러, 2004년에는 5억 8천 8백만 달러로서 급격한 성장세를 보였고, 특히 이 사건 등록상표의 출원일 무렵인 2005년에는 10억 달러, 2006년에는 14억 달러에 이르렀으며, 전문매장의 수도 이 사건 등록상표의 출원일인 2005. 12. 19. 이전까지 미국에서만 약 300개 이상이었다.

3. A&F는 'HOLLISTER' 상표 및 이 사건 선사용상표의 광고, 홍보를 위해, 각 전문매장 내의 판매대, 포스터, 판매 영수증 등에 이 사건 선사용상표를 표시해왔고, 전자상거래를 담당하는 웹사이트를 통한 판촉용 전자메일 발송 시에도 'HOLLISTER' 상표와 이 사건 선사용상표를 함께 사용해왔다.

4. 미국의 유명한 투자전문회사인 파이퍼 재프리사(Piper Jaffray&Co.)가 6개월마다 조사하여 작성한 미국 10대 청소년의 소비습관과 소매 브랜드 인식에 관한 보고서에 의하면, 미국의 청소년을 대상으로 한 의류, 가방류 등 패션 관련 제품에 관하여 그 구매 여부를 결정하는 주된 소비자층인 미국의 10대 청소년의 'HOLLISTER' 상표에 관한 브랜드 선호도가 미국 서부 지역에서 2003년경부터 2006년경까지 4년 연속 1위를 차지하였다.

5. 또한, 2000. 5. 9.부터 2006. 8. 11.까지 사이에, 뉴욕 타임즈The New York Times, 워싱턴 포스트The Washington Post 등을 포함한 미국의 주요 신문 및 지역 언론에 'HOLLISTER' 상품이 10대 청소년들을 포함하여 젊은 층에 높은 인기를 얻고 있다는 취지의 기사가 적어도 2백여 차례 이상 보도되었다.

6. 1988년에 설립되어 12,000건 이상의 프로젝트를 수행한 경험이 있는 미국의 마켓 리서치 회사인 이슈 앤드 앤서스 네트워크Issues & Answers Network, Inc.가 2009. 8. 27.부터 같은 달 30일까지 총 200건의 웹 설문조사를 통해 이 사건 선사용상표에 대한 수요자 인지도 조사를 수행한 바 있는데, 그 결과에 따르면, 이 사건 선사용상표를 본 200명의 조사대상자 중 152명은 이 상표가 한 개의 회사 또는 브랜드를 연상시킨다고 답하였고, 그 중 105명이 'HOLLISTER' 혹은 'A&F'를 연상시킨다고 답하였으며, 위 105명 중 90명은 위와 같이 이 사건 선사용상표가 'HOLLISTER' 혹은 'A&F'를 연상시킨다고 생각한 것이 약 4년간 또는 4년 이상 되었다고 답하였다.

위에서 인정한 사실에 비추어 보면, 이 사건 선사용상표가 이 사건 등록상표의 출원일 당시 미국의 일반 수요자 사이에 A&F의 상품을 표시하는 것이라고 현저하게 인식되어 있어서 적어도 미국에서는 주지한 정도에 이르렀다고 할 것이다.

이처럼 이 사건 등록상표의 출원일 당시 이 사건 선사용상표가 미국의 일반 수요자 사이에 원고의 상품을 표시하는 것이라고 현저하게 인식되어

4. 상표의 자격

있었던 점, 두 상표의 표장은 외관에서 전체적으로 극히 유사할 뿐만 아니라 공통되게 '갈매기 도형' 내지 '갈매기 상표'로 불릴 수 있어 호칭이 서로 동일한 점, 이 사건 등록상표의 지정상품은 상품류 구분 제25류의 의류 등이고, 이 사건 선사용상표의 사용상품은 의류, 가방류 등 패션 관련 상품으로 서로 동일하거나 유사하여 출처의 오인이나 혼동을 일으킬 염려가 높은 점 등에 비추어 보면, 피고는 이 사건 선사용상표를 모방하여 그것이 가지는 양질의 이미지나 고객 흡인력에 편승하여 부당한 이익을 얻거나 위 표장의 가치를 희석화하여 원고에게 손해를 끼치려고 하는 등의 부정한 목적을 가지고 이 사건 등록상표를 출원·등록하였다고 할 것이다.

따라서 이 사건 등록상표는 그 출원 당시 미국의 수요자 사이에 원고의 상품을 표시하는 것이라고 현저하게 인식된 이 사건 선사용상표를 모방한 유사한 상표로서 부당한 이익을 얻으려 하거나 원고에게 손해를 끼치려고 하는 등 부정한 목적으로 사용하는 상표로 인정되므로, 상표법 제7조 제1항 제12호에 따라 그 등록이 무효로 되어야 할 것이다.

등록번호 40-0725518, 등록일 2007-10-09, 등록무효
등록번호 40-0749012, 등록일 2008-06-04, 등록무효

[외국상표 사례 2] 상표 'Rodiocraft'

Rodiocraft

(배경 설명)

대한민국에 거주하고 있는 김형관씨는 상표 'Rodiocraft'를 2009.7.31. 자로 제28류의 '낚싯대, 낚시도구' 등을 지정상품으로 하여 출원하였다. 이에 손현숙씨(이의신청인 1)와 김종현씨(이의신청인 2)는 본 출원상표는 일본의 유한회사(有限會社) 로디오크래프트(ロデオクラフト)가 선사용하고 있는 상표로서 선사용권자가 우리나라에 상표출원을 하지 않은 것을 기회로 부당한 이익을 얻으려는 부정한 목적을 가지고 출원된 상표로서 거절되어야 한다고 주장하였다.

특허청 상표심사국은 이의신청인들의 주장이 이유 있다고 판단하여 본 상표에 대하여 거절결정을 내렸으며, 출원인은 이러한 거절결정에 불복하여 특허심판원에 거절결정불복심판을 청구하였으나 특허심판원에서도 역시 그 등록을 인정하지 않았다. 이후 출원인은 다시 특허법원에 특허심판원의 판단에 불복하는 소를 제기하였으나 특허법원 역시 이러한 출원인의 청구를 기각함으로써 본 상표는 최종 거절이 되었다.

특허법원에서 본 상표 'Rodiocraft'의 거절을 인정하게 된 이유는 다음의 판결내용을 통하여 상세하게 확인할 수 있다.

(판결 내용)

1. 일본에서

① 선사용상표 1의 일본어 표기인 'ロデオクラフト' 또는 선사용상표 1과 마찬가지의 로마자 표기인 'Rodiocraft' 등의 출처표시 아래 이 사건 유한회사의 낚시용품들을 소개하는 내용이, 일본 'Lure Fan' 정보지에 2005. 4. 28.(창간호)경부터 2009. 1. 15.(2009년 겨울·봄호)경에 이르기까지 연속적으로 게재되어 온 점,
② 선사용상표 2의 표장을 단축 아이콘으로 사용하는 이 사건 유한회사의 홈페이지에 같은 낚시용품의 취급점들이 일본국 다수 지역에 분포한 것으로 게시되어 있는 점,
③ 2004년경 이미 이 사건 유한회사의 낚싯바늘을 사용한 다수의 낚시대회 우승경력이 나온 점 등을 종합하여 보면,

선사용상표 1, 2는 이 사건 출원상표의 출원일인 2009. 7. 31.경에는 일본국의 수요자 사이에 적어도 특정인의 상품을 표시하는 것으로 인식될 정도에는 이른 상태였다고 봄이 타당하다.

2. 국내에서

① 이 사건 유한회사의 낚시용품이 적어도 2006년 9월경 이미 국내에 수입되고 있었던 점,
② 선사용상표 2와 동일한 표장으로 된 출처표시 아래 이 사건 유한회사의 낚시용품들을 광고하는 내용이 국내 낚시전문지 '낚시春秋' 2008년 6월호에 게재되었을 뿐만 아니라, 위 광고문에는 당시에 이미 국내에 같은 낚시용품의 복제품이 존재함을 경고하는 문구가 포함되어 있었던 점,

③ 2005. 7. 30.경부터 이 사건 출원상표의 출원 직전인 2009. 7. 17.경까지 국내 여러 인터넷 사이트에 이 사건 유한회사의 낚시용품들을 소개하는 내용이 다수 게시되었을 뿐만 아니라, 위와 같은 인터넷 게시물들에는 선사용상표 1과 마찬가지의 로마자 표기인 'Rodiocraft'나 그 한국어 표기인 '로디오크래프트' 및 선사용상표 2의 표장이 출처표시로 사용된 점 등을 종합하여 보면,

선사용상표 1, 2는 이 사건 출원상표의 출원일인 2009. 7. 31.경에는 국내의 수요자 사이에도 적어도 특정인의 상품을 표시하는 것으로 인식될 정도에는 이른 상태였다고 봄이 타당하다.

① 위에서 살펴본 사정들에 비추어 보면, 선사용상표들은 비록 주지상표의 정도에는 미치지 못한다 하더라도 일본국과 국내에서 이미 상당한 정도로 알려져 있던 것으로는 인정되는 점,
② 선사용상표들은 그 구성 문자가 별다른 사전적 의미가 없는 조어에 해당하는 등 비교적 창작성이 높다고 할 수 있는데, 위에서 살펴본 바와 같이 이 사건 출원상표는 선사용상표 1과 극히 유사할 뿐만 아니라 선사용상표 2와는 문자 부분의 구성을 같이하는 것이므로 전체적으로 선사용상표들과 상당히 유사한 상표에 해당하며, 원고도 이러한 표장들을 모방한 자체는 시인하고 있는 점,
③ 이 사건 출원상표의 지정상품과 선사용상표들의 사용상품은 모두 '낚시용품'으로서 동일한 점,
④ 그밖에 원고와 이 사건 유한회사 간에 이 사건 출원상표의 사용을 둘러싼 교섭이 있었다고 볼 만한 아무런 자료도 없는 점 등을 두루 종합하

여 보면, 이 사건 출원상표는 선사용상표들에 존재하는 양질의 이미지나 고객 흡인력에 편승하여 부당한 이익을 얻으려는 등의 부정한 목적을 가지고 사용하는 상표에 해당한다고 봄이 타당하다.

이상을 종합하면, 이 사건 출원상표는 그 출원 당시 일본과 국내의 수요자 사이에 특정인의 상품을 표시하는 것이라고 인식되어 있는 선사용상표 1, 2와 유사한 것으로서 부정한 목적을 가지고 사용하는 상표에 해당한다 할 것이므로, 결국 상표법 제7조 제1항 제12호에 해당하여 그 상표등록이 거절되어야 한다.

출원번호 40-2009-36662, 출원일 2009-07-31, 거절

's comment !

상표권을 포함한 지식재산권은 나라마다 개별적으로 권리가 발생하는 것이기 때문에(속지주의) 해외에서만 사용하거나 등록받은 상표의 경우 원칙적으로는 국내에서 다른 사람이 등록받을 수 있지만, 부정한 목적을 가지고 의도적으로 모방상표를 출원한 경우에는 제재할 필요성이 있다.

특히, 최근 모방상표의 출원이 증가함에 따라 우리나라는 모방상표에 대한 제재규정을 강화하고 있으므로 국내 또는 외국에서 사용되고 있는 상표가 국내에 등록되어 있지 않다는 이유로 상표출원을 하는 경우 그러한 상표는 등록이 거절될 수 있고 설령 등록된다 하더라도 무효사유가 될 수 있다는 점에 주의하여야 할 것이다.

9. 내가 등록받고자 하는 상표가 각 나라의 국기, 국제기관의 명칭이나 표장에 해당하지는 않는지 확인한다

각 나라의 국기, 국제기관의 명칭이나 표장은 특정인이 상표로서 독점해서는 안 되기 때문이다.

10. 내가 등록받고자 하는 상표가 공서양속에 위반되는 명칭은 아닌지 확인한다

사회적인 이익에 상충하거나 '마약', '도박' 등 공서양속에 반하는 단어들은 원칙적으로 상표로 등록받을 수 없다.

Guide 2. Making program

5. 상표의 품격
- 상표의 유사판단 기준

우리나라는 먼저 상표출원하여 등록을 받은 사람에게 권리를 인정해주는 선등록주의 방식을 채택하고 있기 때문에 내가 사용하고 싶은 상표라 하더라도 동일·유사한 상표가 이미 출원 또는 등록된 경우에는 그 상표를 사용하거나 등록받을 수 없다.

상표는 특정인의 출처표지를 나타내는 기능을 하므로 비록 완전히 동일하지 않더라도 유사한 상표들이 함께 사용되면 일반 수요자들에게 오인·혼동을 일으킬 수 있다는 점에서 선등록상표와 동일한 상표뿐만 아니라 유사한 상표에 대해서도 그 사용이나 등록을 허용하지 않는다.

그런데 내가 사용하고자 하는 상표와 동일한 선등록상표가 존재하는 경우에는 상표 등록을 받을 수 없다는 결과에 비교적 순순히 수

궁하게 되지만, 동일하지는 않지만 유사한 선등록상표의 존재를 이유로 상표의 등록이 어려울 수 있다는 결과를 받게 되는 경우에는 어떤 상표를 유사한 상표라고 판단하는지 그 판단 기준에 대하여 궁금증을 가질 수 있다.

일반적으로 유사상표라고 하면 일명 '짝퉁' 상표라 불리는 상표들을 떠올리게 될 것인데, 한때 개그의 소재로도 많이 사용되었던 이들 짝퉁 상표 중 재미있는 몇 가지 상표들을 살펴보면 다음과 같다.

원 상표	짝퉁 상표
NIKE	NICE
PUMA	PAMA
AIR JORDAN	AIR ZIDANE

5. 상표의 품격

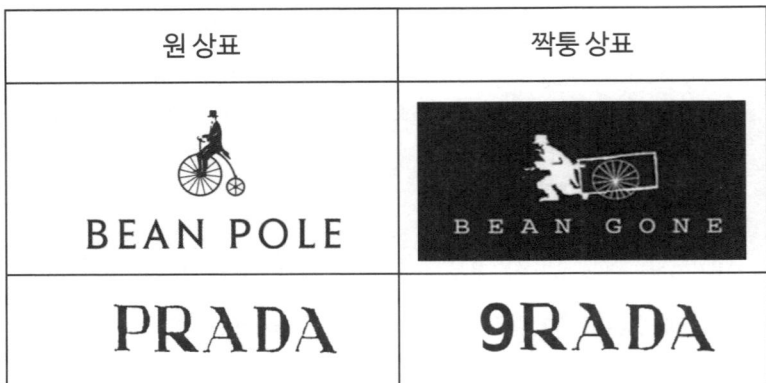

위의 상표들은 원 상표의 전체적인 이미지를 차용하면서 그 일부를 약간 변형시켜 재미있게 만든 짝퉁 상표들인데, 이처럼 직관적으로 느껴지는 유사상표 외에 실제로 특허청에서는 어떠한 기준으로 상표의 유사 여부를 판단하는지 그 기준을 조금이나마 이해하게 된다면 등록 가능한 상표를 선택하는 데 도움이 될 것이다.

1. 상표 유사판단의 기준은 무엇인가?

상표의 유사 여부를 판단할 때는 비교하는 두 상표의 외관·호칭·관념을 객관적이고도 전체적으로 관찰한다. 또 따로 떼어놓아 각기 다른 곳에서 보아도 유사한지 판단하는 이격적 관찰을 하여 판단한다. 즉, 두 상표를 따로 각기 다른 곳에서 보아도 전체적으로 유사하여 거래 통념상 일반수요자나 거래자가 상품 출처에 관해 오인·혼동을 일으키게 할 우려가 있다면 유사상표로 본다.

2. 상표 유사판단의 3대 기본 원칙

기본적으로 다음의 3가지 원칙 즉, 전체관찰의 원칙, 분리관찰의 원칙, 요부관찰의 원칙에 근거하여 상표의 유사 여부를 판단하게 되는데 각 원칙에 대하여 간단하게 설명한 후 이들 원칙이 어떻게 적용되는지에 대하여 실제 사례들을 통하여 살펴보도록 하겠다.

(1) 전체관찰의 원칙
두 상표의 외관·호칭·관념 중에서 어느 하나가 유사하다고 하더라도 전체로서의 상표가 수요자나 거래자로 하여금 출처를 오인하거나 혼동하게 하지 않는다면 유사한 것이라고 할 수 없다.

(2) 분리관찰의 원칙
상표의 유사 여부 판단은 그 구성 부분 전체의 유사 여부를 근거로 판단해야 하지만, 때에 따라 구성 부분 중 특히 주의를 끌기 쉬운 특정 부분만으로 간략하게 호칭되고 인식되거나, 하나의 상표로부터 두 개 이상의 칭호, 관념이 우러나올 수도 있다. 그러한 경우에는 특정 부분의 칭호, 관념이 타 상표의 그것과 유사하다면 설사 다른 부분이 있다고 하더라도 비교하는 두 상표는 유사하다고 본다.

(3) 요부관찰의 원칙
각 상표의 외관, 칭호, 관념의 유사 여부를 판단함에 있어 상표의 구성 부분 중 그 요부에 해당하는 부분이 서로 유사하여 거래상 혼동, 오인의 우려가 있으면 유사하다고 할 수 있으며, 그 밖의 도형, 기호, 부기 문자의 차이만으로는 그 유사성을 배제하기 어렵다.

3. 상표 유사판단 기준에 따른 실제 유사판단 사례

(1) 전체관찰의 원칙에 의하여 유사로 판단한 사례

• 외관이 유사하여 유사상표로 인정된 사례 •

[관련 판례 1] 'Htio' vs 'Hite'

 VS

이 사건 등록상표는 영문자 'Htio'로 구성된 문자상표이고, 선등록상표는 좌측과 같이 산정상에 산으로 둘러싸인 호수가 있는 도형 위에 영문자 'Hite'가 있고 도형의 하단 부분과 영문자 'Hite' 아래에 작은 글씨가 있는 결합상표이다.

그런데 선등록상표는 1993년경 천연 암반수 맥주 상품을 출시하면서 사용되기 시작한 상표로 선풍적인 인기를 끌어 1996년경부터 맥주 업계 1위에 올라 유명해지기 시작하였고, 2002년경에도 시장점유율 56.5%로 1위를 차지하고 있는 우리나라 대표적인 맥주 브랜드로 일반 수요자들에게는 문자 부분인 'Hite'에 의하여 널리 알려지고 인식되어 있을 뿐만 아니라, 선등록상표를 직관적으로 관찰할 경우에 문자 부분인

'Hite' 부분이 뚜렷하게 눈에 들어오므로, 선등록상표는 문자 'Hite' 부분에 의하여 관찰될 수 있을 것이다.

먼저, 두 상표의 호칭과 관념을 대비하여 보면, 이 사건 등록상표는 '에이치 티 아이 오' 또는 '에이치 티오'로 호칭되지만, 선등록상표는 '하이트'로 호칭되고, 이들 상표 모두 조어 상표로 별다른 관념을 생각할 수 없으므로, 두 상표는 호칭에 있어서 서로 다르고, 관념은 서로 대비할 수 없다.

그러나 선등록상표 중 직관적으로 관찰되는 'Hite' 부분과 이 사건 등록상표의 외관을 대비하여 보면, 로마자 알파벳의 배열 위치와 글자 구성에서 다른 점이 있지만, 모두 첫 글자 'H'를 대문자로 하고 나머지 세 글자를 소문자로 하여 전체적으로 네 글자의 영어 알파벳으로 구성된 점, 전체적인 알파벳의 구성에서도 'H', 'i', 't'를 가지고 있으면서 끝 글자의 'e'와 'o'도 시각적으로 유사한 것으로 보일 수 있는 점, 각 글자에 외곽선을 두어 입체적으로 표현함으로써 시각적으로 거의 동일하게 보이도록 하고 있는 점 등에 비추어, 두 상표의 문자 부분은 시각적으로 매우 유사하게 인식된다고 할 것이다.

그러므로 두 상표는 비록 호칭에서 서로 다른 점은 있으나 외관이 매우 유사하여 두 상표를 동일, 유사한 지정상품에 함께 사용할 경우 일반 수요자로 하여금 상품 출처의 오인·혼동을 일으킬 염려가 매우 높으므로 유사한 상표에 해당한다 할 것이다.

Htio 등록번호 40-2009-36662, 등록일 2005-01-04, 등록무효

's comment !

상표의 유사 여부는 표장의 외관, 호칭, 관념 중 어느 하나가 유사한 경우 유사로 판단하게 되는데 위 판례는 상표의 외관이 유사하여 전체로서 유사하다고 판단한 사례이다.

일반적으로 상표의 유사 여부 판단에는 호칭이 가장 중요한 기준으로 작용하는 경우가 많으나 위 판례의 경우에는 다소 의도적으로 선등록상표와 외관을 유사하게 출원했다고 보아 유사상표로 판단한 경우라 하겠다.

• 전체적인 칭호 및 관념이 유사하여 유사상표로 인정된 사례 •

[관련 판례 2]

 vs

이 사건 좌측의 등록서비스표와 우측의 표장은 모두 문자 부분과 도형 부분으로 분리 관찰할 수 있고, 또 문자 부분에 있어 '왕족발'은 지정서비스업에서 사용되는 원재료를 표시하는 것이어서 식별력이 인정될 수 없으며 양 표장의 도형 부분은 그 의인화된 돼지의 수와 모양 등에 있어 서로 다르다.

또한, 나머지 문자 부분인 '장충동'이 현저한 지리적 명칭에 해당하여 식별력이 없는지에 대하여 보면, '장충동'은 서울 중구에 속하는 동(洞)의 이름으로서 각종 운동경기 등 여러 행사가 개최됨으로 인하여 텔레비전을 비롯한 각종 신문방송매체 등을 통하여 전국적으로 알려진 '장충체육관'이 있는 등으로 일반 수요자나 거래자들에게 널리 알려졌으므로 '장충동'은 현저한 지리적 명칭에 해당하여 자타(自他) 서비스업의 식별력이 없다고 보아야 할 것이다.

나아가 양 표장을 전체적으로 대비하여 보면, 양 표장은 문자 부분의 글씨체나 도형 부분의 구성 등에 차이가 있어 외관에 있어서는 다르다고 볼 것이나, 호칭 및 관념에 있어 양 표장의 도형 부분이 모두 돼지를 의인화한 모양으로 이루어져 있어 일반 수요자들이 이들 도형 부분을 보고 '돼지' 또는 '돼지표'라고 호칭하고 관념하리라고는 여겨지지 아니하고 오히려 문자 부분인 '장충동왕족발' 부분에 의하여 호칭하고 관념할 것으로 보이므로(드물게는 도형 부분도 포함하여 전체적으로 '장충동돼지왕족발'이라고 호칭되고 관념될 수도 있을 것이다) 양 표장은 그 호칭 및 관념이 동일하다 할 것이다.

따라서 양 표장이 다 같이 동일·유사한 지정서비스업에 사용될 경우 거래자나 일반 수요자들로 하여금 그 서비스업의 출처에 관하여 오인·혼동을 일으키게 할 염려가 있다고 할 것이므로, 양 표장은 서로 유사하다고 보아야 할 것이다.

그리고 양 표장의 도형 부분은 단순한 돼지의 모양으로 이루어진 것이 아니고 돼지를 의인화한 모양으로 이루어져 있어 그 서비스업인 요식업, 음식점업 등의 성질을 어느 정도 암시하는 것으로 볼 수 있지만, 더 나아가 이를 직접적으로 표시한 것으로 볼 수는 없으므로 기술적 표장에 해당하여 식별력이 없다고 할 수 없다.

등록번호 41-002746, 등록일 1991-02-11, 등록실효 (존속기간 만료로 소멸)

 's comment !

식별력이 없는 부분이 모여 구성된 상표는 전체적으로 유사하여 두 상표가 수요자들에게 오인·혼동을 일으킬 염려가 있는지를 중점적으로 본다.

위 판례도 '장충동', '왕족발' 각 부분의 식별력도 없고,

의인화된 돼지 도형이 결합한 형태를 전체로서 비교해볼 때도 유사하다고 판단하여 오른쪽의 상표가 유사상표로 거절된 예이다.

• 첫음절은 다르나 전체 호칭이 유사해 유사상표로 인정된 사례 •

[관련 판례 3] '보윤진' vs '비윤진'

| 보윤진
保潤珍 | vs | 비윤진 |

이 사건 등록상표인 '보윤진 保潤珍'은 '보윤진'이라는 한글 문자가 상단에, 그 한문 표기인 '保潤珍'이라는 한문이 하단에 각 기재되어, 상하 2단으로 이루어진 문자와 문자의 결합상표이고, 선출원상표인 '비윤진'은 한글 문자가 고딕체로 기재되어 있는 문자 상표이므로, 이들 상표는 그 외관에 있어서는 어느 정도 차이가 있다.

그런데 이들 상표의 호칭을 보면, 이 사건 등록상표는 '보윤진'으로, 선출원상표는 '비윤진'으로 각각 호칭될 것인데, 이 경우 두 상표는 음절의 수가 3음절로서 같고, 발음에서도 2, 3음절이 '윤진'으로 같으며, 첫음절이 '비'와 '보'로 다소 차이가 있기는 하나 이 역시 초성이 'ㅂ'으로 같고 중성인 모음만이 'ㅣ'와 'ㅗ'로 다른 차이가 있는 정도에 불과하여, 이들 상표에 대한 호칭의 청감이 매우 유사하다 할 것이다.

결국, 이 사건 등록상표와 선출원상표는 외관에서는 어느 정도 차이가 있으나 그 호칭의 청감이 매우 유사하여, 일반 수요자들에게 상품의 출처에 관한 오인·혼동을 불러일으킬 염려가 있으므로, 서로 유사한 상표에 해당한다. 그런데 이들 상표의 호칭을 보면, 이 사건 등록상표는 '보윤진'

으로, 선출원상표는 '비윤진'으로 각각 호칭될 것인데, 이 경우 두 상표는 음절의 수가 3음절로서 같고, 발음에서도 2, 3음절이 '윤진'으로 같으며, 첫음절이 '비'와 '보'로 다소 차이가 있기는 하나 이 역시 초성이 'ㅂ'으로 같고 중성인 모음만이 'ㅣ'와 'ㅗ'로 다른 차이가 있는 정도에 불과하여, 이들 상표에 대한 호칭의 청감이 매우 유사하다 할 것이다.

결국, 이 사건 등록상표와 선출원상표는 외관에서는 어느 정도 차이가 있으나 그 호칭의 청감이 매우 유사하여, 일반 수요자들에게 상품의 출처에 관한 오인·혼동을 불러일으킬 염려가 있으므로, 서로 유사한 상표에 해당한다.

보윤진 등록번호 40-0742480, 등록일 2008-04-01, 등록무효
비윤진 등록번호 40-0724752, 등록일 2007-09-27, 등록

's comment !

위 판례의 경우 상표 '보윤진 保潤珍'은 분리관찰의 원칙, 요부관찰의 원칙에 근거하여 한글 '보윤진'만으로 분리가 가능하다고 할 수 있는데, 분리된 요부 '보윤진'과 선출원상표인 '비윤진'은 비록 첫음절이 '보'와 '비'로서 차이가 있기는 하나 전체적인 호칭이 유사하므로 유사한 상표로 판단한 것이다.

• 중간 음절이 다르나 전체 호칭이 유사해 유사상표로 인정된 사례 •

[관련 판례 4] 'FOODGEN' VS '푸르젠'

| FOODGEN | vs | 푸르젠 |

우선 이 사건 출원상표는 영문자 'FOODGEN'으로 구성된 문자상표이고, 선등록상표는 한글 '푸르젠'으로 구성된 문자상표이므로, 문자의 종류가 달라 전체적인 외관은 다르다.

그러나 호칭의 유사 여부에 관하여 살펴보면, 이 사건 출원상표는 짧은 영어 단어 형식으로 분리호칭의 여지가 없으므로 일반적인 영어발음 규칙에 따라 전체적으로 '푸드젠', '후드젠', '훗젠' 등으로 호칭되고, 선등록상표는 '푸르젠'으로 호칭될 것인바, 이 사건 출원상표가 '푸드젠'으로 호칭되는 경우, 두 상표는 모두 3음절로 이루어져 있으면서 단지 두 번째 음절의 첫 자음만 'ㄷ'과 'ㄹ'로 다를 뿐 나머지는 동일하여 전체적인 청감이 유사하므로, 그 호칭은 서로 유사하다고 할 것이다.

따라서 두 상표는 '푸드젠'과 '푸르젠'으로 호칭되어 위와 같은 동일·유사한 지정상품에 사용될 때 일반 수요자나 거래자들은 그 호칭의 유사성으로 인하여 상품 출처의 오인·혼동을 초래할 우려가 있으므로, 이 사건 출원상표는 등록받을 수 없다.

FOODGEN 출원번호 40-2006-0050592, 출원일 2006-10-04, 거절
푸르젠 등록번호 40-0655559, 등록일 2006-03-20, 등록

's comment !

위 판례의 경우 상표 'FOODGEN'은 영문만으로 되어있고 상표 '푸르젠'은 한글만으로 구성된 표장으로서 외관 및 관념에서만 보면 상호 비유사한 상표이다. 그러나 영문 'FOODGEN'의 경우 '푸드젠'과 같이 호칭되므로 선등록상표 '푸르젠'과는 비록 가운데 음절이 '드'와 '르'로서 차이가 있기는 하지만 전체적인 호칭이 유사하다고 보아 유사한 상표라고 판단한 것이다.

• 마지막 음절이 다르나 전체 호칭이 유사해 유사상표로 인정된 사례 •

[관련 판례 5] '산들애' VS '산들네'

| 산들애 | vs | 산들네 |

이 사건 출원상표와 선출원상표는 각 3음절로 구성된 문자상표로서 외관에서는 음절의 구성과 글씨체의 차이 등으로 유사하다 할 수 없고, 관념에서는 각 앞 두 음절인 '산들' '산과 들'의 의미로 보여 동일하지만, 각 마지막 음절인 '애'와 '네'는 독립된 낱말로 볼 경우 '애'는 '아이' 또는 '힘껏 하는 노력' 등의 의미로, '네'는 '너'라는 뜻의 대명사 '윗사람에게 대답하는 말' 등의 의미로 이해되고, 접미사로 볼 경우에는 '애'는 '사랑'의 뜻을 나타내는 말이고, '네'는 '어떤 사람의 한 무리임을 나타내는 말'

5. 상표의 품격

이 되어 어느 것으로 보더라도 두 상표는 관념이 같다고 보기 어렵다.

다음으로 호칭에 관하여 보면, 양 표장은 앞 두 음절이 동일하고 마지막 음절은 '애'와 '네'로서 유사하며, 양 표장을 전체적으로 이어서 발음하는 경우에는 두 번째 음절의 종성인 'ㄹ'과 마지막 음절의 초성인 'ㅇ' 및 'ㄴ'이 자음동화현상을 보여 그 청감이 더욱 유사하게 된다. 결국, 이들 양 표장은 그 외관과 관념이 일부 다르기는 하지만 호칭의 유사로 인하여 거래상 상품의 출처에 관하여 오인·혼동을 초래할 우려가 있는 유사한 표장에 해당한다.

산들애 출원번호 40-2007-0044335, 출원일 2007-08-21, 거절
산들네 등록번호 40-0684501, 등록일 2006-11-06, 등록

's comment !

위 판례에서 두 상표 '산들애'와 '산들네'는 앞 두 음절 '산들' 부분을 공통으로 가지고 있다 하더라도 마지막 음절인 '애'와 '네'의 차이 때문에 외관 및 관념에서는 상호 비유사한 상표라고 보았으나, 전체적인 호칭에 있어 상호 유사하다는 이유로 유사상표로 판단한 것이다.

• 관념이 유사하여 전체적으로 유사한 상표로 인정된 사례 •

[관련 판례 6] '雪花' vs '韓雪花'

| 雪花 | vs | 韓雪花 |

이 사건 등록상표 '雪花'(상표등록번호 제773614호)와 선등록상표 '韓雪花'는 한자어 '설화'를 공통으로 가진 점에서 일부 유사하지만, 선등록상표는 '설화' 앞에 띄어쓰기 없이 '한'이라는 한자가 추가되어 있고, '설화' 부분의 글자체에도 다소 차이가 있어 전체적인 외관은 서로 다르다. 또한, 이 사건 등록상표는 '한설화'로 호칭될 것인 반면에 선등록상표는 '설화'로 호칭될 것이므로 호칭에서도 차이가 있다.

그러나 관념에 있어서는 이 사건 등록상표가 비록 사전에 등재되어 있지 않은 조어이기는 하지만 '한국 한(韓)', '눈 설(雪)', '꽃 화(花)'라는 기초적인 한자들로 이루어져 있을 뿐 아니라, 그 중 '설화'는 '굵게 엉겨 꽃송이같이 보이는 눈' 또는 '나뭇가지에 꽃처럼 붙은 눈발' 등의 의미로 흔히 사용되는 한자어이고, 한자 문화권인 우리의 언어 습관상 일반 수요자나 거래자는 '설화' 앞에 추가된 '한'이 '설화'를 수식하는 관계에 있는 것으로 쉽게 인식할 수 있어 이 사건 등록상표를 보면 '한국의 설화' 내지는 글자 그대로 '한국의 눈꽃' 등의 의미를 연상할 가능성이 크므로, '설화'라는 한자어를 공통으로 갖는 선등록상표의 관념과 유사하다.

여기에 한자는 표의문자이어서 한자어로 구성된 문자상표의 유사 여부 판단에 있어서는 관념이 차지하는 비중이 작지 않은 점을 추가로 고려하면, 두 상표는 외관 및 호칭에 차이가 있기는 하지만 관념의 유사를 압도할 정도에까지 이르렀다고 할 수 없으므로, 관념이 유사한 두 상표를 동일·유사한 지정상품에 함께 사용할 경우 일반 수요자나 거래자로 하여금 상품의 출처에 관하여 오인·혼동을 일으키게 할 염려가 있고, 따라서 두 상표는 서로 유사하다고 할 것이다.

雪花　등록번호 40-0693388, 등록일 2007-01-10, 등록
韓雪花　등록번호 40-0773614, 등록일 2008-12-24, 등록무효

's comment !

'雪花'와 '韓雪花' 두 상표 모두 '雪花(설화)' 부분을 공통으로 가지지만 첫음절 '韓' 부분의 차이로 인하여 외관 및 호칭에서는 상호 비유사한 상표라고 보았으나, 전체적인 관념에 있어 상호 유사하다는 이유로 유사상표로 판단한 사례이다.

(2) 전체관찰의 원칙에 의하여 비유사로 판단한 사례

• **도형상표에 있어 두 상표의 외관이 비유사하여 전체적으로 비유사한 상표로 인정된 사례** •

[관련 판례 1] '솔표' vs '불노'

 vs

도형표장들 사이의 유사 여부 판단에는 다음과 같은 이유로 외관의 차이를 가장 중요한 요소로 고려하여야 할 것이다.

- 도형표장에 있어서 호칭이나 관념을 추출해 내는 것이 부자연스러운 경우가 많은 점,
- 도형표장으로부터 호칭이나 관념이 추출된다고 할지라도 이 사건의 경우에 '소나무'라는 일반적인 명칭이 그 호칭으로서 추출된다고 하면, 일반수요자들의 오인, 혼동 가능성 여부와 무관하게, 후출원된 소나무 관련 도형표장의 등록 가능성이 지나치게 좁아지게 될 염려가 있는 점,
- 상표의 유사 여부 판단은 원칙적으로 일반수요자의 오인, 혼동 가능성

여부에 따라야 할 것인 점,
- 실제 거래계에 일반 수요자들이 도형표장으로부터 호칭을 추출해서 사용한다고는 보기 어려운 점,
- 일반수요자들 사이에 활성화된 인터넷 등을 통한 거래에 있어서는 화면을 통하여 인식되는 도형표장을 그 자체로 식별표지로서 인식할 것인 점 등에 비추어 볼 때,

도형표장 사이의 유사 여부를 판단함에 있어서는 외관의 차이를 가장 중요하게 고려하여야 할 것이다.

두 도형표장의 외관을 비교하여 보면, 이 사건 등록상표는 줄기가 곧게 뻗어 있으면서 가지가 좌우 대칭으로 균형 있게 형성된 소나무의 형상인 반면에, 선등록상표 1, 2는 줄기가 좌우로 굽어 있으면서 4개의 가지가 비대칭적으로 형성되어 있다. 양자는 줄기 및 가지의 형상에서 현저한 차이가 있어서 일반수요자들이 객관적, 이격적으로 관찰하였을 경우에 오인, 혼동을 일으킬 염려가 있다고 보기 어렵다. (양 도형표장에 있어서 추출되는 호칭이나 관념은 생각하기 어려워 대비되지 아니한다. 설령, 굳이 호칭이나 관념이 추출된다고 하더라도 이 사건 등록상표는 '줄기가 곧게 뻗어 있고, 좌우 대칭인 소나무' 정도가 될 것이고, 선등록상표는 '줄기가 좌우로 굽어 있는 소나무' 정도가 될 것이어서, 호칭이나 관념 역시 상이하다.)

솔표 등록번호 40-0644761, 등록일 2005-12-27, 등록
불노 등록번호 40-0683979, 등록일 2006-11-02, 등록유지

's comment !

도형상표의 유사여부는 외관, 칭호, 관념의 3가지 요소 중 '외관'을 가장 중요한 판단요소로 고려한다. 위 판례의 경우 모두 '소나무'를 모티브로 하고 있지만, 그 구체적인 형상에 비추어 볼 때 외관이 비유사하다는 판단하에 전체로서 비유사한 상표라고 판단한 것이다.

• 외관 및 관념이 비유사하여 전체적으로 비유사한 상표로 인정된 사례 •

[관련 판례 2] '숱도리 SHOOTDORI' vs 'FC 슛돌이'

출원상표가 한글 부분인 '슛돌이'로 호칭되고 선등록상표 '숱도리 SHOOTDORI'가 한글 부분 '숱도리' 또는 영문 부분 'SHOOTDORI'로 호칭될 경우 그 호칭에 있어서 유사하나, 이 사건 출원상표는 검은 바탕에 흰색의 'FC' 부분과 황토색의 '슛돌이' 부분이 결합한 구성인 반면, 선등록상표는 상단에 큰 글자로 된 '숱도리' 부분과 하단에 작은 글자로 된 'SHOOTDORI' 부분이 결합한 구성이므로 그 외관에 있어 서로 다르

고, 이 사건 출원상표는 'Football Club'의 약칭인 'FC'와 '공차는 사내아이'라는 의미인 '슛돌이'가 결합하여 '공 차는 사내아이 또는 공 차는 사내아이들의 모임'이라는 관념이 떠오르는 반면, 선등록상표는 한글 '숯도리'에 그 영문 음역을 나타내는 'SHOOTDORI'가 결합하여 '숯과 관련한 어떤 것'이라는 관념이 떠오르므로, 그 관념에 있어서 확연히 다르므로, 그렇다면 두 상표를 전체적으로 볼 때 외관이 다르고, 관념이 현저하게 달라 일반 수요자에게 출처의 오인·혼돈을 일으킬 우려가 있다고 할 수 없다.

FC 슛돌이 : 등록번호 45-0028582, 등록일 2009-08-13, 등록유지
숯도리 SHOOTDORI : 등록번호 40-0490385, 등록일 2001-03-28, 등록실효 (존속기간만료로소멸)

's comment !

위 판례의 경우 두 상표의 호칭이 상호 유사하다고 볼 여지는 있으나, 전체적인 구성에 있어 외관 및 관념이 확연히 비유사하다고 보아 전체관찰의 원칙에 따라 비유사한 상표로 판단한 것이다.

• 첫음절에 차이가 있는 상표로, 전체로서 비유사하다고 인정된 사례 •

[관련 판례 3] 'JOMA' vs 'SOMA'

$$\boxed{\text{JOMA}} \quad \text{vs} \quad \boxed{\text{SOMA}}$$

이 사건 등록상표(등록번호 561311호)인 'JOMA'와 선등록상표인 등록번호 제489517호) 'SOMA'가 그 외관이 서로 다르고 관념상 서로 대비되지 아니하며 호칭에 있어 이 사건 등록상표는 '조마'로, 선등록상표는 '소마'로 각각 호칭된다.

훈민정음의 제자 원리상 'ㅈ'과 'ㅅ'은 모두 이(치)의 형상을 본떠 만든 잇소리(치음)로서 예사소리(전청)에 해당하지만, '조마'와 '소마'는 모두 그 호칭이 2음절로서 비교적 짧고 간단하며 또 맨 첫음절의 호칭이 '조'와 '소'로서 다르다는 점을 고려하여 볼 때 두 상표는 그 호칭상 구분된다.

두 상표는 그 외관 및 호칭이 다르고 관념상 대비되지 아니하므로 전체적으로 유사하지 않다.

JOMA : 등록번호 40-0561311, 등록일 2003-10-01, 등록
SOMA : 등록번호 40-0489517, 등록일 2001-03-14, 등록

's comment !

문자상표의 유사여부 판단에 있어서는 일반적으로 외관, 칭호, 관념의 3가지 요소 중 '호칭'을 가장 중요한 판단요소로 고려하게 된다. 위 판례의 경우 두 상표는 각각 '조마'와 '소마'로 호칭되는데 두 상표는 2음절의 짧은 상표라는 점 및 첫음절의 호칭이 다르다는 점을 고려할 때 두 상표의 호칭은 일반수요자들이 충분히 구별할 수 있는 상표라는 판단 하에 전체로서 비유사한 상표라고 판단한 것이라 하겠다.

• 두 상표가 마지막 음절에 차이가 있는 상표들로서 전체로서 비유사한 상표로 인정된 사례 •

[관련 판례 4] '설희 雪熙' vs '설화 雪花'

| 설희 雪熙 | vs | 설화 雪花 |

이 사건 등록상표 '설희'와 선등록상표 '설화'는 뒷부분의 '희(熙)'와 '화(花)'가 현저히 다르므로 그 외관이 상이하고, 선등록상표가 '눈송이, 나뭇가지에 꽃처럼 붙은 눈발'을 직감시키는 데에 비하여 이 사건 등록상표는 특별한 의미가 도출되지 않는 조어이므로 그 관념도 다르다.

이 사건 등록상표는 '설희'로 발음되고 선등록상표는 '설화'로 발음되어 비록 그 첫음절과 둘째 음절의 초성이 같지만 둘째 음절의 모음이 'ㅢ'와 'ㅘ'로서 상이하게 청감되므로, 두 상표를 전체적, 이격적으로 관찰하여 볼 때 일반 수요자나 거래자로 하여금 상품출처에 관하여 오인·혼동을 일으킨다고 보기 어렵다.

설희 등록번호 40-0631853, 등록일 2005-09-16, 등록
설화 등록번호 40-0123370, 등록일 1986-02-04, 등록

's comment !

위 판례의 경우 두 상표는 각각 '설희'와 '설화'로 오칭되어 두 상표의 첫음절이 모두 '설'로 시작해 유사하지만, 2음절의 짧은 상표라는 점을 고려할 때 두 상표의 오칭은 일반 수요자들이 충분히 구별할 수 있는 상표라는 판단하에 전체로서 비유사한 상표라고 판단한 것이라 하겠다.

• 두 상표가 중간 음절에 차이가 있는 상표들로서 전체로서 비유사한 상표로 인정된 사례 •

[관련 판례 5] '자연속애" vs '자연애'

 vs 자연애

이 사건 출원상표 '자연속애'는 초록색 나뭇잎 형상의 도형 안에 흰색의 한글 '자연속'과 붉은색의 한자 '愛'를 크게 하여 중앙에 배치하고, 그 아래에 다시 '우리가족 행복 지킴이'라는 검은색의 한글을 아주 작게 하여 배치한 결합상표인 반면, 선등록상표는 '자연애'라는 한글로 된 문자상표이므로, 두 상표는 그 문자의 구성이나 배열, 도형의 유무에 의하여 그 외관에 있어서 서로 다르다 할 것이다.

또한, 호칭에 있어 이 사건 출원상표는
① '우리가족 행복 지킴이'가 아주 작게 배치되어 식별하기 어려운 점,
② 도형만으로 어떠한 관념이나 호칭을 도출해 내기 어려운 점,
③ 중앙에 배치된 문자인 '자연속'과 '愛'가 그 문자의 종류, 크기 및 색에 있어서 다소 다르다고 하더라도 일반 수요자나 거래자가 이를 분리하여 호칭한다고 보기 어려운 점 등에 비추어 보면,

중앙에 크게 배치되어 있는 문자 부분에 의하여 '자연속애(에)'라고 호칭된다고 봄이 상당하므로, '자연애'라고 호칭되는 선등록상표와는 그

청감에 있어서 서로 구별된다고 할 것이다. 따라서 이 사건 출원상표와 선등록상표는 그 호칭에 있어서 그 출처의 혼동을 피할 수 있는 것으로 판단된다.

한편, 이 사건 출원상표는 '자연 안의 사랑'이라는 의미로, 선등록상표는 '자연에 대한 사랑'이라는 의미로 각 관념된다 할 것이므로, 두 상표는 그 관념에 있어서는 서로 유사하다 할 것이다.

이와 같은 사실을 종합적으로 판단할 때,
-두 상표의 문자 부분에 공통적으로 포함된 '자연'은 지정상품의 친환경적인 성질을 나타내거나 암시하는 용어인 점,
-각종 식품류를 지정상품으로 하는 다수의 등록상표에 '자연'이라는 용어가 자주 포함되어 사용되고 있는 점 등에 비추어 보면,

두 상표는 그 지정상품과의 관계에서 관념이 전체 식별력에 기여하는 정도가 비교적 낮으므로, 비록 이 사건 출원상표와 선등록상표가 그 관념에 있어서 유사하다 하더라도 그 외관과 호칭에 있어서는 서로 다른 만큼, 객관적·전체적·이격적으로 관찰할 때 두 상표가 동일·유사한 지정상품에 함께 사용된다 해도 일반 수요자들로 하여금 상품의 출처에 관하여 오인·혼동을 일으키게 할 염려가 있다고 보기 어려우므로 두 상표는 유사한 표장이라 할 수 없다.

자연속애　등록번호 40-0844397, 등록일 2010-11-26, 등록
자연애　등록번호 40-0667295, 등록일 2006-06-21, 등록

's comment !

위 판례의 경우 두 상표의 문자 부분인 '자연속애'와 '자연애'는 관념면에서 일부 유사하다고 볼 여지가 있고, 두 상표에 '자연애' 부분이 동일하게 포함되어 있기는 하지만 그 외관 및 호칭 등을 전체적으로 비교해보면 일반수요자들이 충분히 구별할 수 있는 상표라는 판단하에 비유사한 상표로 판단한 것이다.

• 성명상표로서 전체로만 호칭되는 상표인 경우 전체관찰의 원칙에 의하여 비유사한 상표로 인정된 사례 •

[관련 판례 6] 'LAURA ASHLEY ' vs '라오라(LAOLA)'

| LAURA ASHLEY | vs | 라오라(LAOLA) |

본원상표는 영국의 유명 여성 디자이너의 성명으로 된 문자상표로서 세계 여러 나라에서 'LAURA ASHLEY'라는 전체 이름(full name)으로만 상표 등록되고 각종 광고 선전물이나 상품의 표장에도 위 전체 이름으로만 사용되고 있다. 그 중 'LAURA' 혹은 'ASHLEY'로 분리되어 사용된 자료는 찾아볼 수 없는바, 과연 그렇다면 본원상표는 사회 통념상 그 지정상품의 거래계에서 'LAURA ASHLEY'라는 문자상표 전체로서 특정 디

자이너의 제품을 표장한다는 독자적인 의미를 가지게 되어 성(姓)인 'ASHLEY'나 이름인 'LAURA'로 분리 관찰하는 것이 자연스럽지 못할 정도로 불가분하게 결합되어 있어 그 수요자간에 성명 전체로서만 인식되고 호칭된다. 성(姓)인 'ASHLEY'나 이름인 'LAURA'로 분리 약칭하면 동일성을 상실하게 된다고 볼 여지가 충분히 있다.

만약 지정상품 거래계의 실정이 그러하다면 본원상표는 인용상표와는 외관, 관념 및 칭호가 서로 달라서 일반수요자나 거래자로 하여금 상품출처의 오인, 혼동을 일으킬 염려가 없다고 보아야 할 것이다.

LAURA ASHLEY 등록번호 40-0338280, 1996-04-26, 등록
라오라(LAOLA) 등록번호 40-0195610, 등록일 1990-07-05
등록실효 (존속기간만료로소멸)

 's comment !

위 판례는 디자이너의 이름 등이 상표로 사용되는 경우 즉, 성명상표의 경우에는 일반적으로 어느 한 부분에 의하여 호칭되기보다는 성명상표 전체로서 호칭, 관념되고 있는 거래계의 실정을 고려해야 할 것이다. 따라서 이러한 성명상표의 유사 여부 판단 시에는 형식적인 분리관찰, 요부관찰을 적용하는 것은 타당하지 않다 할 것이므로 전체관찰의 원칙에 근거하여 두 상표를 비유사한 상표로 판단한 것이다.

(3) 분리(요부)관찰의 원칙에 의하여 유사로 판단한 사례

• 도형 부분이 유사한 상표에 있어 분리관찰의 원칙에 의하여 유사한 상표로 인정된 사례 •

[관련 판례 1]

 vs

이 사건 출원상표는 문자 부분 'MOUNTAIN'과 도형 부분 '   '이 분리하여 관찰하면 거래상 자연스럽지 못하다고 여겨질 정도로 불가분하게 결합한 것이 아니고, 위 도형 부분은 위 문자 부분과 독립하여 출처표시기능을 수행할 수 있을 정도로 식별력이 있으며, 대비 대상인 선등록상표가 도형만으로 구성된 상표이므로, 이 사건 출원상표 중 도형 부분을 문자 부분과 분리하여 관찰할 수 있다.

이 사건 출원상표의 도형 부분 '   '과 선등록상표 '   '를 대비하여 보면, 양자는 모두 세 개의 굵은 줄로 형성된 원의 1/4을 절단한 모양인 점에서 유사하고, 이 사건 출원상표의 도형은 완전한 원의 형태인

데 비하여 선등록상표는 운동장 트랙을 연상하는 타원의 형태인 점에 차이가 있으나 그 외관상 차이가 크지 아니하므로 두 상표를 이격적으로 관찰할 때 출처의 오인·혼동을 초래할 우려가 크다.

THE HUGE MOUNTAIN 출원 40-2004-0046379, 출원일 2004-10-14, 거절
등록 40-0335467, 등록일 1996-03-19, 등록

's comment !

도형과 문자가 결합한 상표의 경우 그 상표를 구성하고 있는 '도형'과 '문자' 각각으로 쉽게 분리관찰 될 수 있는데, 분리된 '도형' 또는 '문자' 부분 중 어느 한 부분이 유사한 도형상표 또는 문자상표가 존재하는 경우 유사한 상표라고 보아야 한다는 판단 하에 도형 부분의 유사를 이유로 유사상표로 판단해 거절한 것이다.

5. 상표의 품격

• 도형과 문자의 결합상표에 있어 문자 부분이 유사한 경우 분리관찰의 원칙에 의하여 유사한 상표로 인정된 사례 •

[관련 판례 2] '목초당' vs '목초'

 VS

이 사건 출원상표와 우측의 선등록상표(등록번호 제481434호)가 그 외관이 서로 다르고 관념 또한 서로 동일하지는 않으나, 호칭에 있어 이 사건 출원상표는 한글 부분에 의하여 '목초당'으로 호칭되고 선등록상표는 '목초'로 호칭될 수 있어, 두 상표의 호칭은 세 번째 음절인 '당'의 유무만 차이가 있을 뿐 앞의 2음절이 '목초'로서 동일하여 그 전체적인 호칭이 서로 유사하다.

결국 두 상표는 전체적으로 상품의 출처에 관하여 오인·혼동을 초래할 수 있는 유사한 상표라고 판단하였음은 정당한 것으로 수긍할 수 있고, 거기에 상표의 유사 판단에 관한 법리오해 등의 위법은 없다.

목초당 출원 40-2002-0054149, 출원일 2002-11-22, 거절
목초 등록 40-0335467, 등록일 2000-11-16, 등록실효 (존속기간만료로소멸)

 's comment !

위 판례는 도형과 문자가 결합한 상표의 경우 그 상표를 구성하고 있는 '도형'과 '문자' 각각으로 쉽게 분리관찰 될 수 있고 분리된 '문자' 부분이 상호 유사한 경우, 유사한 상표로 보아야 한다고 판단한 것이다.

• 문자와 문자의 결합상표에 있어 요부가 되는 문자 부분이 유사한 경우 분리관찰의 원칙에 의하여 유사한 상표로 인정된 사례 •

[관련 판례 3] 'SIGMA-TAU' vs '타우1000'

| SIGMA-TAU | vs | 타우1000 |

이 사건 출원상표의 표장은 'SIGMA-TAU'이고, 선등록상표의 표장은 '타우1000'으로서, 양 표장의 외관은 서로 다르다.

그런데 이 사건 출원상표는 그리스어 자모 중 18번째 및 19번째의 영문표시에 해당하는 'SIGMA'와 'TAU'가 결합한 상표로서 그 결합으로 인하여 새로운 특정한 관념을 낳는 것은 아니고,

한편, 이 사건 출원상표는 'SIGMA'와 'TAU'가 하이픈(-)으로 연결되어 있는 등 외관상 서로 분리되어 있는 반면, 이를 분리하여 관찰하면 자연스럽지 못할 정도로 일체 불가분하게 결합되어 있다고 보기 어려우므로 일반 수요자에게는 위 두 개의 문자 부분으로 분리관찰될 수 있다 할 것인데(대법원 1996. 10. 25. 선고 96후511 판결 참조),

그 중 'SIGMA'는 그리스어 자모의 18번째인 'Σ'의 영문표시로서 같은 종류의 수치 합계를 나타내는 기호로 알려져 있는 등 일상에서 간단하고 흔히 사용되는 용어로서 자타 상품의 식별력이 부족하다고 할 것이고, 'TAU'는 그리스어 자모 중 19번째의 영문표시 또는 분자량이

50,000~70,000을 나타내는 미소관결합단백질의 일종의 의미를 가진 영어단어로서 우리나라의 영어보급 수준을 고려할 때, 일반 수요자가 쉽게 인식할 수 있는 단어라 할 수 없다.

이에 대하여 원고는, 그리스어 자모인 'SIGMA'나 'OMEGA'가 식별력이 없다면 마찬가지로 그리스어 자모인 'TAU'도 식별력이 없다고 주장하나 'SIGMA'의 식별력이 부정되는 것은 단지 그리스어 자모이기 때문이 아니라 일반 수요자나 거래자들에게 널리 알려진 용어이기 때문이라 할 것이다.

또한, 'TAU'는 피로회복제의 원재료로 인식되어 있는 '타우린taurine'의 약어로서 널리 사용되고 있다는 주장과 관련하여, '타우린'은 아미노에틸술폰산의 일종으로 그 생리학적 기능에 관해서는 아직 잘 알려지지 않은 사실을 알 수 있고, '타우'가 포함된 상표로서 '타우민/Taumin', '타우비타1000', '타우스 TAUS', '타우로', '타우린맨' 등이 약제류를 지정상품으로 하여 등록되어 있는 사실을 알 수 있으나 이러한 사실만으로는 'TAU'가 '타우린'의 약어로서 일반 수요자들에게 널리 알려져 있다고 단정하기에는 부족하므로, 원고의 위 주장도 이유 없다(설령 'TAU'가 '타우린taurine'의 약어로서 어느 정도 알려졌다고 하더라도 상대적으로 'SIGMA'에 비해서는 식별력이 훨씬 강하다고 할 것이다).

그러므로 가능한 한 간단하게 호칭하려는 현대인들의 언어 습관상 이 사건 출원상표는 식별력이 없는 'SIGMA' 부분이 생략된 채 'TAU'로 약칭될 가능성이 크다.

또한, 선등록상표는 '타우'와 '1000'이 단순하게 결합한 상표로서 그 결합으로 인하여 새로운 특정 관념을 낳는 것은 아니고, 한편, 문자 부분과 아라비아 숫자 부분이 상호 일련 불가분적인 관계가 없어 '타우' 또는 '1000'으로 쉽게 분리되어 인식될 수 있다 할 것인데, 표장 중 문자 부분인 '타우'는 국어사전에서 '그리스어 알파벳의 열아홉째 글자 이름'으로만 등재되어 있는 등 일상에서 흔히 사용되는 단어라고 하기는 어려워 식별력이 있다고 보이는 반면, 숫자 부분인 '1000'은 지정상품 분야에서 용량이나 개수, 성분, 함량 등을 나타내는 수치로 인식되어 식별력이 없거나 미약하다고 할 것이므로, 결국 선등록상표는 문자 부분인 '타우'만으로 간략하게 약칭될 수 있다.

그렇다면, 이 사건 출원상표와 선등록상표는 각각 '타우'로 약칭될 수 있고, 이 경우 두 상표는 호칭에 있어 동일·유사한 상표라 할 것이다.

SIGMA-TAU 출원 40-2009-00212279, 2009-05-08, 거절
타우1000 등록 40-0609382, 등록일 2005-02-23, 등록

's comment !

위 판례는 문자와 문자(또는 숫자)가 결합한 상표에 있어 그 상표를 구성하고 있는 '문자' 중 어느 일부분이 쉽게 분리관찰될 수 있고 그 분리된 '문자' 부분이 상호 유사한 경우, 유사한 상표로 보아야 한다고 판단한 것이다.

• 문자와 문자의 결합상표에 있어 어느 한 문자 부분이 유사한 경우 분리 관찰의 원칙에 의하여 유사한 상표로 인정된 사례 •

[관련 판례 4] 'GEORGES MARCIANO' vs 'GUESS BY MARCIANO'

| GEORGES MARCIANO | vs | GUESS BY MARCIANO |

'GEORGES MARCIANO'로 이루어진 이 사건 등록상표(등록번호 제619052호)는 'GEORGES'와 'MARCIANO' 부분이 나누어져 있고 전체 상표가 비교적 긴 음절로 이루어져 있어 전체로 호칭하기에 불편하다. 또, 지정상품인 신사복 등 의류와 관련하여 'MARCIANO'가 흔한 표장에 해당하여 식별력이 없다고 볼 수도 없어 독자적으로 상품표지로서의 역할을 하기에 충분하다고 본다.

이러한 점을 고려하면, 일반 수요자들은 'MARCIANO' 부분만으로 이 사건 등록상표를 호칭·관념할 수 있고, 선출원상표 역시 상표 구성상 'GUESS'와 'BY' 및 'MARCIANO' 부분으로 분리하여 인식함에 특별한 어려움이 없으며, 'GUESS' 부분이 일반 수요자들 사이에 주지성이 있고 'MARCIANO' 부분이 영어 전치사 'BY'에 의하여 수식되고 있다.

이러한 사정은 'MARCIANO' 부분이 그 지정상품인 의류와의 관계에서 독립하여 자타상품을 식별하는 기능을 함에 있어서 방해되지 않으므로, 선출원상표가 언제나 그 전체로 또는 'GUESS'부분 만에 의하여 호칭·

관념되고, 'MARCIANO' 부분으로는 호칭·관념되지 않는다고 할 수 없다.

그렇다면 이 사건 등록상표와 선출원상표가 동일·유사한 지정상품에 함께 사용되는 경우 'MARCIANO' 부분을 모두 포함하고 있어서 그 출처에 오인·혼동이 발생할 가능성이 있으므로 두 상표가 서로 유사하다.

GEORGES MARCIANO 등록번호 40-0619052, 등록일 2005-05-24, 등록무효
GUESS by MARCIANO 등록번호 40-0583628, 2004-05-28, 등록

's comment !

위 판례는 문자와 문자가 결합한 상표에 있어 표장의 구성 중 주지한 상표가 포함되어 있다 하더라도 그 상표를 구성하고 있는 각각의 '문자'가 분리관찰이 가능한 이상 분리된 '문자' 중 어느 한 부분이 상호 유사한 경우에는 유사한 상표로 보아야 한다고 판단한 것이다.

• 성명상표라 하더라도 분리관찰이 가능한 경우 분리된 일요부가 유사하다면 분리관찰의 원칙에 의하여 유사상표라고 인정된 사례 •

[관련 판례 5] 'nicole lee' vs 'Nicole StGilles'

이 사건 출원상표는 주로 여자 이름으로 쓰여 특히 미국에서 인구 대비 이름 순위 68위에 올라 있는 'nicole'이라는 영문자와 우리나라 '이(李)' 성씨의 영문표기 또는 영어권 국가의 이름이나 성(姓)의 하나인 'lee'라는 영문자가 띄어서 가로로 기재되어 있는 문자상표이다.

그리고 선등록상표는, 검은색의 직사각형 바탕에 흰색으로 알파벳 'n'을 부드럽게 도안한 형태의 도형 아래에, 앞서 본 바와 같이 주로 여자 이름으로 쓰이는 'Nicole'이라는 영문자, 그리고 주로 이름 앞에 붙어 성(聖)의 뜻을 가지는 'St'와 미국, 프랑스에서 남자 이름으로 쓰이는 'Gilles'가 띄어쓰기 없이 결합해 있는 'StGilles'라는 알파벳이 띄어서 가로로 기재되어, 상하 2단으로 구성된 도형과 문자의 결합상표이다. 따라서 이 사건 출원상표와 선등록상표는 그 외관에는 일단 차이가 있다.

그런데 이 사건 출원상표의 경우,
- 앞서 본 바와 같이 'nicole'이라는 영문자와 'lee'라는 영문자는 각각

5. 상표의 품격

이름과 성(姓)을 나타내는 단어들로서 띄어쓰기가 되어 있는 점,
- 우리나라의 언어 관습상 이름과 성이 항상 함께 불리는 것은 아니고 이름만으로 약칭되는 경우도 많은 점,
- 반면에 이 사건에서 'nicole lee'는 원고 대표자 딸의 성명이긴 하나 우리나라 일반수요자들에게 'nicole lee'라는 전체 이름이 원고 대표자 딸 등 특정인을 지칭한다거나 이 사건 출원상표가 그 전체로서 특정인의 제품을 표상하는 것으로 인식되어 있다고 볼 만한 증거가 부족한 점,
- 그리고 영문자 'nicole'이 영문자 'lee' 앞에 기재되어 있다는 것과 우리나라에서 이(李) 성씨가 매우 흔한 성씨임을 고려할 때, 우리나라 수요자들에게는 위 성씨의 영문표기에 해당하는 영문자 'lee' 부분이 앞서 본 바와 같이 영문 여자 이름으로서 미국에서 인구 대비 이름 순위 68위 정도인 영문자 'nicole' 부분과 비교하면 상대적으로 식별력이 약할 것으로 보이는 점 등에 비추어보면,

'nicole' 부분을 'lee'라는 단어로부터 분리하여 관찰하는 것이 거래상 자연스럽지 못하다고 여겨질 정도로 불가분하게 결합하였다고 볼 수 없으므로 'nicole' 부분만을 분리하여 관찰할 수 있다.

그리고 앞서 본 바와 같이 문자와 도형의 결합상표인 선등록상표의 경우, 문자 부분과 도형 부분이 외관상 분리되어 있을 뿐 아니라 서로 특별한 의미로 연결되어 있지도 않으며 이들의 결합으로 새로운 관념을 형성하는 것도 아니어서, 문자 부분과 도형 부분을 분리하여 관찰하는 것이 부자연스러울 정도로 불가분하게 결합하였다고 볼 수 없으므로, 문자 부분만으로 분리하여 관찰할 수 있다.

또한, 문자 부분을 보면, 'Nicole' 부분과 'StGilles' 부분이 띄어쓰기가 되어 있고, 그 호칭이 영어식 발음으로는 '니콜 세인트길스', 불어식 발음으로는 '니콜 생질르' 등으로 비교적 길며, 앞서 본 바와 같이 'Nicole'은 주로 여자 이름으로 쓰이는 영문자이고 'StGilles'는 남자 이름으로 쓰이는 'Gilles' 앞에 성(聖)의 뜻을 가지는 'St'가 붙은 알파벳으로서, 여자 이름과 남자 이름이 가로로 나란히 기재되어 있는 형태로 되어 있어 이들의 결합에 의하여 새로운 관념을 형성하는 것도 아니어서, 'Nicole' 부분을 'StGilles' 부분과 분리하여 관찰하는 것이 거래상 자연스럽지 못하다고 여겨질 정도로 불가분하게 결합하였다고 볼 수 없으므로, 'Nicole' 부분만으로 분리하여 관찰할 수 있다.

결국, 위에서 본 바와 같이 이 사건 출원상표와 선등록상표는 각각 분리관찰 결과 그 요부로 'nicole' 또는 'Nicole'이라는 문자 부분을 공통적으로 가지고 있음이 인정되고, 이들 표장이 이들 요부만으로 약칭되는 경우에는 그 호칭 및 관념이 '니콜'로 동일하므로(설사 이 사건 출원상표가 전체로만 인식 및 호칭된다고 하더라도, 그 호칭은 '니콜 리'로서 선등록상표의 호칭인 '니콜' 뒤에 마지막 음운 'ㄹ'과 발음이 유사한 '리'를 더한 것에 불과하여) 이들의 호칭은 여전히 유사하다고 할 것이다.

nicole lee 출원번호 40-2007-0027369, 출원일 2007-05-21, 거절
Nicole StGilles 등록번호 40-0593893, 등록일 2004-09-22, 등록

's comment !

위 판례는 성명상표라 하더라도 거래의 실정상 전체로서 호칭, 관념되는 것이 아닌 경우, 즉 분리하여 관찰하는 것이 거래상 자연스럽지 못하다고 여겨질 정도로 불가분하게 결합하였다고 볼 수 없는 경우 분리관찰이 가능하다 보아서, 분리된 부분 중 어느 일부분이 상호 유사한 경우 유사한 상표라고 판단한 것이다.

(4) 분리(요부)관찰의 원칙에 의하여 비유사로 판단한 사례

• 도형과 문자의 결합상표에 있어 요부가 되는 도형 부분이 비유사한 경우 분리관찰의 원칙에 의하여 비유사한 상표로 인정된 사례 •

[관련 판례 1]

 VS

이 사건 등록서비스표인 좌측 안경나라 상표는 노란색 목도리를 두르고 검은색 안경을 쓰고 있는 파란색과 흰색의 펭귄을 도안화하여 배치하고, 그 오른쪽에 하늘색 한글과 노란색 영문자로 이루어진 문자인 '안경나라 안경·콘택트' 글자를 결합한 도형과 문자의 결합표장이다.

한편, 선등록 서비스표인 우측의 상표는 색동 한복을 입고 양팔을 벌리고 서 있는 수컷 원숭이와 암컷 원숭이를 도안화한 도형을 중앙에 배치하고, 그 아래쪽에 주황색 한글 '안경나라'를 배치한 도형과 문자의 결합표장이다. 따라서 이들 서비스표는 그 외관이 상이하다.

또한 이 사건 등록서비스표와 선등록서비스표는 모두 도형과 문자의 결합표장으로서 앞서 본 도형 부분과 문자 부분을 분리하여 관찰하면 거래상 자연스럽지 못하다고 여겨질 정도로 불가분하게 결합되어 있다고 볼

수 없으므로, 일반 수요자나 거래자에 의하여 도형 부분과 문자 부분으로 분리하여 관찰할 수 있다.

그런데 이 사건 등록서비스표의 문자 부분 중 한글 '안경나라'와 한글 '안경나라'의 발음을 영문 대문자로 표시한 'ANKYUNG NARA' 및 선등록서비스표의 문자 부분인 '안경나라'는 모두 시력을 교정하거나 눈을 보호하기 위하여 안면에 착용하는 물건을 의미하는 단어인 '안경'과 다른 명사와 같이 쓰이는 경우 그 명사가 나타내는 것의 세상을 의미하는 단어인 '나라'를 결합한 합성어로서, 이들 서비스표의 지정서비스업인 안경사업에 사용되는 경우에는 일반 수요자나 거래자에 의하여 '안경을 취급하는 장소'를 의미하는 것으로 직감될 것이다.

또한, 이 사건 등록서비스표의 문자 부분 중 한글 '안경•콘택트'는 그 지정서비스업인 안경사업에 사용되는 경우에는 일반 수요자나 거래자에 의하여 '안경사업을 하는 사람이 취급하는 안경 또는 콘택트렌즈'를 의미하는 것으로 직감될 것이다.

따라서 이 사건 등록서비스표와 선등록서비스표의 각 문자 부분은 그 지정서비스업인 안경사업에 사용되는 경우 지정서비스업의 품질 등을 보통으로 사용하는 방법으로 표시한 것에 해당하여 식별력을 갖지 못한다 할 것이고, 반면 이들 서비스표의 각 도형 부분은 펭귄 또는 원숭이를 앞서 본 바와 같은 독특한 형상으로 도안화한 도형으로서 식별력을 가진다 할 것이므로, 결국 이 사건 등록서비스표와 선등록서비스표는 모두 도형 부분이 일반 수요자나 거래자의 주의를 끌기 쉬운 요부에 해당한다.

따라서 일반 수요자나 거래자는 이 사건 등록서비스표를 요부인 ' 🐧 ' 부분에 의하여 그 도형이 나타내는 '펭귄' 또는 '안경을 쓴 펭귄'으로 호칭, 관념할 것이고, 선등록서비스표는 요부인 ' 🐵🐵 ' 부분에 의하여 그 도형이 나타내는 '암수 한 쌍의 원숭이들' 또는 '한복을 입은 원숭이들'로 호칭, 관념할 것이므로, 이 사건 등록서비스표와 선등록서비스표는 전체적으로 볼 때 호칭과 관념이 상이하다.

결국, 이 사건 등록서비스표는 선등록서비스표와 외관, 호칭 및 관념이 모두 상이하므로 전체적으로 볼 때 표장이 동일·유사하지 않다.

안경나라(펭귄) 등록 41-0139376, 등록일 2006-10-27, 등록
안경나라(원숭이) 등록 41-0093826, 등록일 2003-11-28, 등록

's comment !

위 판례는 문자와 도형의 결합으로 이루어진 표장에 있어 문자 부분이 식별력이 약한 단어로 구성되어 있는 경우라면('안경나라'), 요부가 되는 부분은 도형 부분이라고 할 것이고 따라서 요부에 해당하는 도형 부분이 비유사하다면 분리(요부)관찰의 원칙에 의하여 비유사한 상표로 보아야 한다고 판단한 것이다.

• 문자와 문자의 결합상표에 있어 요부가 되는 문자 부분이 비유사한 경우 분리관찰의 원칙에 의하여 비유사한 상표로 인정된 사례 •

[관련 판례 2] '6TH AVENUE BISTRO' vs 'FUYIBISTRO'

| 6TH AVENUE BISTRO | vs | FUYI BISTRO |

이 사건 출원상표는 '6번 가(街)'를 뜻하는 '6TH AVENUE'와 '작고 격식을 따지지 않는 레스토랑' 또는 '음식이 제공되는 바'를 뜻하는 'BISTRO'가 결합된 표장인데, 그 중 'BISTRO'는 이 사건 출원상표의 지정상품인 '커피, 차' 등이 판매되는 장소로서 성질을 표시하는 기술적 표장에 해당하고 국내에서도 이미 그와 같은 의미로 널리 사용되고 있어 식별력이 강하다고 보기 어려우므로, 이 사건 출원상표가 'BISTRO'만으로 분리되어 호칭·관념된다고 할 수는 없고, 오히려 전체적으로 호칭·관념되거나 식별력 있는 요부에 해당한다고 볼 수 있는 '6TH AVENUE'로 간략하게 호칭·관념된다고 볼 수 있다.

또한, 선등록상표 역시 같은 이유에서 'BISTRO'만으로 분리되어 호칭·관념된다고 보기 어렵고, 전체적으로 호칭·관념되거나 식별력 있는 요부에 해당한다고 볼 수 있는 'FUYI'로 간략하게 호칭·관념될 수 있다고 할 것이다.

나아가, 이 사건 출원상표와 선등록상표는 외관이 다르고, 호칭에 있어,

이 사건 출원상표는 '식스쓰 에버뉴 비스트로', '식스쓰 에버뉴'로 호칭되고 선등록상표는 '푸위 비스트로', '푸위' 등으로 호칭되어 전체적으로 상이하며, 관념에 있어서도 이 사건 출원상표는 '6번 가 비스트로'로 인식되고 선등록상표는 '푸위 비스트로'로 인식되어 상이하므로, 결국 두 상표는 동일·유사한 지정상품에 다 같이 사용된다고 하여도 일반 수요자나 거래자로 하여금 상품출처에 관하여 오인·혼동을 일으키게 할 염려가 있다고 보기 어렵다.

6TH AVENUE BISTRO 등록번호 40-0770278, 등록일 2008-11-27, 등록
FUYI BISTRO 등록번호 40-0583358, 등록일 2004-05-24, 등록

's comment !

위 판례는 문자와 문자의 결합으로 이루어진 결합상표 중 지정상품과 관련하여 식별력이 부족한 부분('비스트로')을 제외한 나머지 부분이 비유사하다면 분리(요부)관찰의 원칙에 의하여 비유사한 상표로 보아야 한다고 판단한 것이다.

• 성명상표라 하더라도 분리관찰이 가능한 경우 분리된 일요부가 비유사하다면 분리관찰의 원칙에 의하여 비유사한 상표라고 인정된 사례 •

[관련 판례 3]

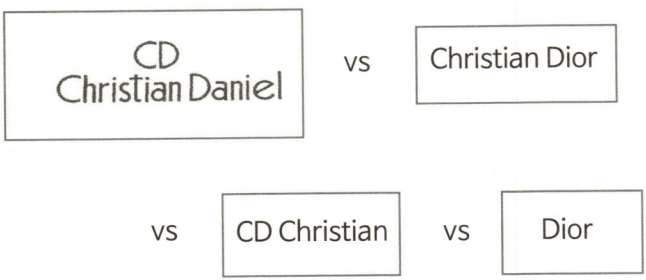

이 사건 등록상표의 호칭인 '크리스찬 다니엘'과 인용상표 1의 호칭인 '크리스찬 디오르'는 앞부분의 '크리스찬Christian'이 국내의 일반 수요자나 거래자에게 기독교도를 지칭하는 용어로서 흔히 사용되어 상품 출처를 식별시키는 표지로서의 식별력이 부족하고, 뒷부분의 호칭은 '다니엘'과 '디오르'로 현저히 상이하다.

결국, 이 사건 등록상표와 인용상표 1은 전체적으로 호칭이 유사하다고 보기 어려우며, 외관과 관념을 보태어 보더라도 전체적으로 두 상표가 상품 출처의 오인·혼동을 일으킬 염려가 있을 정도로 유사하다고 보기 어렵다.

또한, 이 사건 등록상표와 인용상표 3, 4는 그 일부분인 'CD'를 '씨디'로 호칭하는 경우 호칭이 동일하고, 나머지 부분만으로 호칭되는 경우에도 전체적으로 호칭이 유사하다고 판단하였으나, 'CD'는 영문자 2개를 단순히 나열한 것에 불과하여 간단하고 흔히 있는 표장에 해당하므로(대법원 2001. 12. 14. 선고 2001후1808 판결, 2002. 10. 22. 선고 2001후3132 판결 등 참조) 식별력이 없어 이 부분에 의하여 두 상표의 호칭이 동일하거나 유사하다고 할 수는 없고, 나머지 부분에 의하여 대비하는 경우에도 위에서 본 바와 같이 서로 유사하다고 보기 어렵다 할 것이다.

이와 같은 상표의 유사판단에 관한 사례들에서 알 수 있듯이 상표의 유사판단은 유사판단의 기본 원칙에 근거하여 판단하고는 있지만 이러한 원칙을 일률적이고 형식적으로 적용하는 것이 아니라 상표의 구성이나 실제 거래 사회의 실정 등 구체적인 사실관계를 함께 고려하여 실제로 수요자들에게 출처의 오인·혼동을 일으킬 우려가 있는지 여부에 의하여 그 유사여부를 판단하고 있다는 것을 알 수 있다.

참고로, 상표의 유사 여부를 판단함에 있어 분리(요부)관찰을 일률적으로 적용한다면 상표를 선택함에 있어 지나치게 단어의 선택이 제한될 수 있다는 점 및 상표는 자타 상품을 식별시켜 상품출처의 오인, 혼동을 방지하기 위해 사용하는 것으로서 그 기능은 통상 상표를 구성하는 전체가 일체로 되어 발휘하게 되는 것이므로 상표를 전체로서 관찰하여 그 외관, 칭호, 관념을 비교 검토함으로써 판단하여야 함이 원칙이고, 다만 상표를 전체적으로 관찰하는 경우에도 그 중에서 일정한 부분이 특히 수요자의 주의를 끌고 그런 부분이 존재함으로써 비로소 그 상표의 식별기능이 인정되는 경우에는 전체적 관찰과 병행하여 상표를 기능적으로 관찰하고 그 중심적 식별력을 가진 요부를 추출하여 두 개의 상표를 대비함으로써 유사 여부를 판단하는 것은 적절한 전체관찰의 결론을 유도하기 위한 수단으로써 필요한 것임을 고려하여 최근 상표의 유사 여부에 대한 판단은 점차 전체 관찰의 원칙에 근거하여 이루어지고 있으며 이는 실제 거래사회의 현실을 반영한 적절한 흐름이라고 생각된다.

Christian Daniel 등록번호 40-0330046, 등록일 1995-12-22, 등록
Christian Daniel 등록번호 40-0079145, 등록일 1981-11-30, 등록
CD Christian 등록번호 40-0216105, 등록일 1991-07-01, 등록
Dior 등록번호 40-0216643, 등록일 1991-07-11, 등록

's comment !

위 판례는 성명상표의 유사판단 기준을 적용하지 않고 일반적인 문자와 문자의 결합으로 이루어진 결합상표의 유사판단 기준을 적용하여 두 상표의 문자 부분 중 식별력이 부족한 부분('Christian' 및 'CD')을 제외한 나머지 부분이 비유사하다면 분리(요부)관찰의 원칙에 의하여 비유사한 상표로 본 것이다.

6. 보이스 오브 상표
- 소리상표, 냄새상표 등 점점 더 다양해지는 상표의 세계

우리가 생각하는 전형적인 상표의 형태는 '문자', '도형' 등 시각적으로 인지될 수 있는 형태가 대부분이다. 그러나 최근 매체의 발달과 함께 수요자들에게 더 효과적으로 브랜드를 인식시키기 위하여 다양한 형태의 상표들이 사용되고 있으며 이에 따라 우리나라도 2012. 3. 15.부터 소리상표, 냄새상표 등 다양한 상표들을 상표로서 출원할 수 있는 제도를 도입하였다.

즉, 우리에게 너무나 익숙한 'SK텔레콤'의 '생각대로 T(띵띵띠링띵)', 'KT 올레'의 '두두두 올레!'와 같이 귀로만 들어도 특정 브랜드가 인식되는 소리, 아직 우리나라에서 널리 활용되고 있는 형태는 아니나 '레몬 향이 나는 레이저 프린터 토너' 등 어떤 향기가 특정브랜드로서 인식되는 상표로서 역할을 할 수 있다는 것을 인정하게 된 것이다.

또한, 시각적인 상표에 있어서도 입체상표(KFC 할아버지 인형), 홀로그램상표, 동작상표, 위치상표(아이다스의 삼선 위치) 등 점점 더 다양한 형태의 상표들이 인정되고 있기 때문에 앞으로 더 재미있고 신선한 상표들이 개발되지 않을까 하는 기대감을 갖게 된다.

[관련 판례] 옆구리에서 허리까지의 위치에 실선으로 표시된 세 개의 굵은 선에 의하여 자타상품을 식별하게 되는 위치상표
(자타상품을 식별하는 상표로서 등록 가능)

상표법상 상표의 정의 규정은 여러 차례 개정되었으나, '자기의 상품을 타인의 상품과 식별되게 하도록 사용하는 기호·문자·도형 또는 그 결합'을 상표로 보는 취지는 공통으로 포함됐다.

이러한 정의 규정은 기호·문자·도형 또는 그 결합을 사용하여 시각적으로 인식할 수 있도록 구성하는 모든 형태의 표장을 상표의 범위로 포섭하고 있다고 할 것이다.

따라서 이러한 규정에 따르면, '기호·문자·도형 각각 또는 그 결합이 일정한 형상이나 모양을 이루고, 이러한 일정한 형상이나 모양이 지정상품의 특정 위치에 부착되는 것에 의하여 자타상품을 식별하게 되는 표장'도 상표의 한 가지로서 인정될 수 있다(이러한 표장을 이하 '위치상표'라고 한다).

위치상표에서는 지정상품에 일정한 형상이나 모양 등이 부착되는 특정 위치를 설명하기 위하여 지정상품의 형상을 표시하는 부분을 필요로 하게 된다. 이때 표장의 전체적인 구성, 표장의 각 부분에 사용된 선의 종류, 지정상품의 종류 및 그 특성 등에 비추어 출원인의 의사가 지정상품의 형상을 표시하는 부분에 대하여는 위와 같은 설명의 의미를 부여한 것뿐임을 쉽사리 알 수 있는 한, 이 부분은 위치상표의 표장 자체의 외형을 이루는 도형이 아니라고 파악하여야 한다. 그에 있어서는 출원인이 심사과정 중에 특허청 심사관에게 위와 같은 의사를 의견제출통지에 대한 의견서 제출 등의 방법으로 밝힌 바가 있는지 등의 사정도 고려되어야 할 것이다.

또한, 위치상표는 비록 일정한 형상이나 모양 등이 그 자체로는 식별력을 가지지 아니하더라도 지정상품의 특정 위치에 부착되어 사용됨으로써 당해 상품에 대한 거래자 및 수요자 다수에게 특정인의 상품을 표시하는 것으로 인식되기에 이르렀다면, 사용에 의한 식별력을 취득한 것으로 인정받아 상표로서 등록될 수 있다.

이 사건 상표는 그림에서 보이는 것처럼 일점쇄선으로 표시된 상의 형상의 옆구리에서 허리까지의 위치에 실선으로 표시된 세 개의 굵은 선이 부착된 형태의 표장으로 이루어져 그 표장 중 상의 형상 부분과 세 개의 굵은 선 부분이 서로 확연하게 구분되어 있다. 또한, 그 지정상품은 스포츠셔츠, 스포츠 재킷, 풀오버로서 모두 상의류에 속하므로 실제 상품들의 옆구리에서 허리까지의 위치에 위 표장에 도시된 바와 같은 형태로 일정한 형상이나 모양이 부착될 수 있다.

위와 같은 표장의 전체적인 구성 및 표장의 각 부분에 사용된 선의 종류, 지정상품의 종류 및 그 특성 등에 비추어 보면, 이 사건 출원상표를 출원한 원고의 의사는 위와 같이 지정상품의 형상을 표시하는 부분에 대하여는 위 세 개의 굵은 선이 부착되는 위치를 나타내기 위한 설명의 의미를 부여한 것 뿐임을 쉽사리 알 수 있다고 할 것이다.

그뿐만 아니라 기록에 의하면, 원고는 이 사건 출원상표의 심사과정에 이 사건 출원상표의 표장 중 점선(원고는 일점쇄선을 점선으로 표현하고 있다)으로 표시한 상의 형상은 세 개의 굵은 선이 정확히 어디에 표시되는지를 나타내기 위한 부분이라는 취지를 밝힌 바도 있었던 것으로 보인다. 따라서 이 사건 출원상표는 위 세 개의 굵은 선이 지정상품의 옆구리에서 허리까지의 위치에 부착되는 것에 의하여 자타상품을 식별하게 되는 위치상표이고, 위 일점쇄선 부분은 이 사건 출원상표의 표장 자체의 외형을 이루는 도형이 아니라고 보는 것이 타당하다.

등록번호 40-1031206, 등록일 2014-04-04, 등록

7. 겟 잇 상표
- 효과적인 브랜드 네이밍 방법

우리나라 상표법은 등록주의를 채택하고 있기 때문에 내가 사용하고 싶은 상표라고 하더라도 다른 사람이 먼저 등록을 받은 상표가 이미 존재하고 있다면 그 상표는 사용 및 등록이 불가능하다. 이러한 선등록상표의 권리 범위는 동일한 상표뿐만 아니라 유사한 상표까지 미치기 때문에 사용하고자 하는 상표의 사용이나 등록이 어려운 경우가 많다.

게다가, 상표법에서는 기술적 표장 즉, 상품이나 서비스업의 성질을 나타내는 단어로 이루어진 상표의 경우 등 공익상 등록을 허여하지 않는 경우도 규정하고 있기 때문에 이러한 상표법 규정에 대하여 정확히 모르는 일반인들의 경우 상표를 출원했다가 등록이 거절되어 난감해 하는 상황을 종종 보게 된다.

그래서, 상표의 출원단계부터 전문가와의 상담을 통하여 자신이 사용하고 싶은 상표를 등록받을 수 있는 방법을 찾아보는 것이 시간과 비용 면에서 도움이 될 수 있다. 상표는 출원하면 바로 등록이 되는 것이 아니라 거의 1년에 가까운 심사기간을 거치기 때문에 당연히 등록될 줄 알고 상표를 사용하고 있다가 심사결과 거절이 되어 상표를 사용하지 못하게 되거나 새로운 상표로 바꾸어야 하는 곤란한 상황이 발생할 수 있기 때문이다.

상표에 대한 상담을 진행하다 보면 출원인이 사용하고 싶다고 제시한 상표가 등록이 어려운 경우가 상당히 많은데 특히, 그 상표에 대한 애착이 강해서 어떻게든 등록받을 수 있는 방법을 찾아달라는 요청을 받게 되는 경우가 있다.

변리사로서 상표의 출원 및 등록과 관련한 전반적인 업무를 담당하고 있기는 하지만 상표 자체를 만들어주는 즉 '브랜드 네이밍'과 관련된 부분이 사실 변리사의 업무영역에 속하는 것은 아니어서 위와 같은 요청을 받게 되면 난감할 때도 많다.

그러나 출원인이 어떻게든 상표를 등록받고 싶어하는 간절함이 보이는 경우 그 상표가 등록받을 수 있는 방법에 대하여 같이 고민해주게 되는데 그러한 과정을 통하여 출원인이 원하는 상표를 얻도록 해주는 때는 뿌듯함을 느끼게 된다. 이렇게 출원인이 원하는 상표를 등록하게 해준 실제 상담사례를 몇 가지 소개해보면 다음과 같다.

118

[실제 상담사례 1] 로이쥬

한 출원인이 '왕의 주스'라는 의미의 상표인 'Roi Juice'를 등록받고 싶어 했는데 이미 'Roi'라는 선등록상표가 존재하고 있었고, 'Juice' 부분은 '주스'를 의미하는 일반적인 단어이기 때문에 결국 선등록상표와 'Roi' 부분이 동일하다는 이유로 등록이 거절된 사례가 있었다.

그러나 이 출원인은 '왕'의 의미를 지니는 'Roi'라는 단어를 자신의 상품표지로써 꼭 사용하고 싶다는 입장이었기 때문에 어떻게 하면 자신이 원하는 상표를 등록받을 수 있는지에 대하여 조언을 필요로 하고 있었다.

이러한 출원인의 요구사항을 충분히 반영하면서도 상표 자체로서도 수요자들에게 쉽게 인식될 수 있는 상표를 만들어주는 방법을 고민하던 중 출원인이 원래 등록받고자 했던 상표 'Roi Juice' 중 뒷부분의 영문 '-ice'를 생략한 'Roiju'라는 상표로 등록받는 방법을 제안하게 되었다.

'Roi Juice'는 'Roi'라는 단어와 'Juice'라는 단어 각각이 별개의 단어로 인식되기 때문에 각 부분이 분리되어 인식되게 되지만 두 개의 단어를 결합하면서 그중 일부분을 생략한 'Roiju'라는 단어는 사전상에도 없는 단

어로서 그 전체가 하나의 새로운 단어로서 인식될 수 있기 때문이다.

즉, 전체가 새로운 하나의 단어로 인식되는 'Roiju'의 경우 상표출원 시 'Roi'와 'ju'로 분리되지 않기 때문에 선등록상표인 'Roi'와는 그 유사성에 대한 거절이유가 지적되지 않고 등록 가능할 것으로 판단되었으며, 상표의 사용에서도 'Roiju'라는 단어는 'Roi Juice'의 의미를 그대로 담고 있으면서도 상표 자체로서도 '로이쥬' 또는 '로아쥬'로 발음되는 단어로서 그 호칭에서 느껴지는 어감이 부드러워 수요자들에게 좋은 이미지로 다가갈 수 있는 상표라는 생각이 들었던 것이다.

등록번호 40-1008544, 등록일 2013-11-21, 등록

[실제 상담사례 2] 홍가낙지

한 출원인이 '홍씨 성을 가진 집안에서 운영하는 낙지집'이라는 의미인 '홍가낙지'라는 상표를 등록받고 싶어 했는데 '홍가'라는 부분은 '홍씨 성을 가진 집안'을 지칭하는 단어로서 특별한 식별력이 인정되지 않는 부분이고 '낙지'라는 단어는 '해산물의 한 종류인 낙지'를 지칭하는 명칭으로서 역시 식별력이 인정되지 않는 단어였기 때문에 이들의 조합만으로는 상표 등록이 어렵다고 판단이 되었다.

그래서, 출원인이 사용하고자 하는 상표를 크게 변형시키지 않으면서도 등록 가능한 식별력 있는 상표를 만들어주는 방법을 고민하던 중 '홍가낙지' 중 '낙' 부분이 한자 '樂(즐거울락)'의 음역과 동일한 것에 착안하여 '

홍가樂지'와 같은 형태의 상표로 등록받는 방법을 제안하게 되었다.

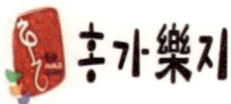

즉, 단순히 '홍가낙지'와 같은 형태로 출원하는 경우 식별력 없는 단어들이 단순히 결합한 상표라는 이유로 상표등록이 거절될 가능성이 높지만 '홍가樂지'의 경우 상표의 구성과 그 의미에 있어 새로운 식별력이 더해졌기 때문에 등록이 가능할 것으로 판단되었다.

상표의 사용에서도 '낙' 부분과 '樂(즐거울 락)' 부분은 음역이 동일하기 때문에(일반적으로 '락'은 두음법칙에 의해 '낙'으로 발음되기도 한다), '낙지집'이라는 의미를 간접적으로 연상시킴과 동시에 한자 '樂'은 '즐겁다'는 의미가 있는 단어이기 때문에 '먹는 즐거움이 있는 곳'이라는 의미도 함께 연상될 수 있어 수요자들에게도 쉽게 인식되는 좋은 상표가 될 수 있다는 생각이 들었던 것이다.

등록번호 41-0284972, 등록일 2014-04-03, 등록

8. 찾아라! 맛있는 상표
- 음식업계의 맛있는 상표 찾기

'식욕'은 인간의 3대 기본욕구라고 하는 식욕, 수면욕, 성욕 중 하나로서 사람들은 먹는 것을 통하여 생명을 유지하고자 하는 본능적인 욕구를 충족시킬 뿐만 아니라 맛있는 음식을 통하여 스트레스를 풀기도 하는 등 즐거움을 얻는다. 이렇게 '음식'은 우리의 삶에 있어 중요한 부분이라 할 것이고, 그에 따라 많은 사람이 '맛집'을 만들려 노력하고 또 다른 많은 사람은 그런 '맛집'을 열심히 찾아다닌다.

'맛집'이 탄생에 있어서는 음식의 맛, 장소 등 여러 가지 조건들이 충족되어야 하겠지만, 사람들이 기억하기 쉽고 입에 착 달라붙는 좋은 이름을 만드는 것도 그 못지 않게 중요한 일이다. 식당업을 하시는 분들의 상표출원을 하다 보면 아이디어 넘치는 재미있는 상표들을 만나게 되는데 그중 몇 가지 사례들을 얘기해보고자 한다.

食客村

먼저, 만화가 허영만 화백님의 작품인 『식객』은 주인공들이 천하제일의 맛을 찾기 위해 팔도강산을 누비면서 우리 밥상의 맛을 지키고자 하는 내용으로 구성되어 있는데 여기에서 모티브를 가져와 '식객촌'이라는 표장을 식당업에 사용한 사례이다. 즉, '식객'들이 전국을 돌아다니면서 찾아낸 맛집들을 한곳에 모아 '식객촌'이라는 일종의 새로운 마을을 만들어냄으로써 단순한 식당가가 아닌 스토리텔링이 있는 명소로 자리 잡았다.

등록번호 41-0274347, 등록일 2013-11-28, 등록

'피자에땅'으로 유명한 (주)에땅에서 최근 '족발전문 식당업'을 새롭게 런칭하면서 등록받은 상표명도 재미있다. '본능족으로'라는 이 상표명은 유명한 노래제목이기도 한 '본능적으로'를 떠올리게 하여 사람들에게 쉽게 기억될 수 있을 뿐만 아니라, '식욕'이 사람의 '본능'이라는 점, 그리고 '족'이라는 단어를 상표에 적절하게 결합함으로써 족발 전문음식점이라는 것을 효과적으로 암시하고 있다는 점에서 상당히 인상에 남는 상표명이다.

등록번호 41-0270757, 등록일 2013-10-11, 등록

9. 너는 내 상표
- 등록만 받고 사용은 안하는 상표를 내 상표로 만들기

상표에 대한 권리를 주는 방식은 크게 선사용주의와 선등록주의로 구분할 수 있다. 선사용주의는 먼저 상표를 사용한 사람에게 권리를 주는 방식이고, 선등록주의는 먼저 등록받은 사람에게 권리를 주는 방식인데 우리나라는 권리 발생시기를 명확하게 알 수 있는 선등록주의 방식을 채택하고 있다.

즉, 이와 같은 선등록주의 제도하에서 상표를 독점적으로 사용하기 위해서는 상표 사용에 앞서 상표등록을 확보해 놓는 것이 중요하며, 아무리 좋은 상표라 하더라도 타인이 그 상표에 대한 등록을 이미 가지고 있다면 상표등록을 받을 수 없는 것이 원칙이다.

또한, 상표 등록권자는 등록상표에 대해 실제 사용 여부와 관계없이 기본적으로 10년 동안 독점권을 가지게 되므로, 내가 어떤 사업을

하기 위하여 꼭 사용하고 싶은 상표가 이미 타인에 의하여 등록되어 있다면 그 상표에 대해서는 사용 및 등록이 모두 불가하게 되는 것이다.

그런데 상표권자가 상표에 대한 등록을 받아놓기는 했지만 실제로 그 상표를 사용하고 있지 않은 경우에, 사용하지도 않는 상표 때문에 어느 누구도 그 상표를 사용하지 못한다면 아무리 좋은 상표라 하더라도 의미 없는 죽은 상표가 된다 할 것이다.

우리나라에서는 이러한 등록주의의 단점을 보완하기 위하여 등록일 이후 3년간 등록상표가 사용되고 있지 않은 경우 먼저 등록된 상표를 취소시키고 그 상표를 내 것으로 만들 수 있는 불사용취소심판 제도를 두고 있다.

따라서 내가 정말 사용하고 싶은 좋은 상표가 타인에 의해 먼저 등록이 되어 있다 하더라도 그 상표가 실제로 3년 이상 사용되지 않고 있는 숨어있는 상표에 불과하다면 불사용취소심판이라는 절차를 통하여 상표권을 확보하는 방법을 고려해 볼 수 있을 것이다.

Guide 3. Keeping program

10. 불후의 상표
- 상표의 갱신과 존속 기간

현재 우리나라에서 등록상표의 권리존속기간은 기본적으로 10년이며, 10년에 한 번씩 갱신해야만 계속해서 권리를 유지할 수 있다.

그렇다면, 우리나라에서 상표법이 시행된 1949년 이후 특허청에 등록된 가장 오래된 상표는 무엇일까? 그 상표는 바로 (주)샘표식품의 샘표간장 상표다. 이 상표는 1954년 5월 10일에 등록된 이후 상표갱신을 통하여 60여 년의 시간이 지난 지금까지 계속해서 사용되고 있는 장수 브랜드이다. '샘표' 상표는 등록순서로만 따지면 362번째이지만, 샘표 상표보다 먼저 등록한 상표들의 회사나 상표가 사라지면서 모두 소멸하였기 때문에 특허청에 등록된 현존하는 상표로서는 최장수 상표가 된 것이다.

국내 특허청에 등록된 외국인 상표 중에는 1954년 9월 27일 등록

한 미국 펩시콜라 주식회사의 '펩시 콜라$_{\text{PEPSI-COLA}}$'가 최장수 상표이고, 품목별로 살펴보면 주류는 (주) 진로의 상표 '진로'가 최장수 상표이고, 외국인 주류상표로는 영국 시바스 홀딩스 리미티드의 '시바스 리갈$_{\text{Chivas Regal}}$' 상표가 최장수 상표의 자리를 지키고 있다. 화장품은 (주) 아모레 퍼시픽 그룹의 '태평양(太平洋)'이 최고참 상표이다.

이 밖에도 가방류와 관련하여 주식회사 금강의 '금강', 프랑스 루이비똥 말레띠에의 '루이비똥$_{\text{Louis Vuitton}}$', 시계 제품과 관련하여서는 (주) 오리엔트 바이오의 '오리엔트', 스위스 라도 와치 컴퍼니 리미티드의 '라도$_{\text{RADO}}$', 그리고 자동차 제품과 관련해서는 현대자동차주식회사의 '현대' 및 미국 크라이슬러 그룹의 '닷지$_{\text{DODGE}}$' 같은 상표들이 30~50년 정도의 수명을 유지해오고 있는 장수 상표들이다.

이처럼 오랫동안 생명력을 유지하는 장수 상표가 되기 위해서는 상표권자가 상품의 생산 및 광고 활동 외에도 상표를 지속적이고 철저하게 관리하는 것이 필요한데 즉, 상표를 등록받은 그대로 사용하지 않거나 최근 3년 이상 사용한 실적이 없는 경우 등록상표가 취소될 수 있다는 점과 10년마다 갱신등록을 하지 않는 경우에는 등록상표가 소멸할 수 있다는 점 등에 유의해야 할 것이다.

그뿐만 아니라, 이러한 상표들에 화체되어 있는 긍정적인 이미지와 브랜드 가치가 훼손되지 않도록 타인이 무단으로 유사상표, 즉 '짝퉁' 상표를 사용하는 경우에는 이에 대한 적극적인 대응을 하는 등 끊임없는 관심과 노력이 필요할 것이다.

11. 상표를 지켜라
- 상표 관리의 중요성

부자들의 공통점은 단지 많은 돈을 벌어들이기만 하는 사람들이 아니라 번 돈을 잘 관리하는 사람들이라는데 있다. 로또에 당첨된 사람 중 많은 사람이 어마어마한 돈을 가지게 되었음에도 불구하고 그 돈을 모두 잃고 다시 원점으로 돌아오는 사례를 보게 되는데 이는 단순히 많은 돈을 가지는 것이 중요한 것이 아니라 그 돈을 효율적으로 관리하는 것이 중요하다는 것을 보여주는 일례일 것이다.

상표도 마찬가지다. 처음에 아무리 좋은 상표라 하더라도 관리를 잘 못하게 되면 나만의 브랜드가 아닌 누구나 사용해도 되는 명칭이 되어버릴 수 있다.

우리가 흔히 사용하는 사무용품 중 '철침을 넣어 종이 등을 철하는 기구'를 지칭하는 용어인 '호치키스'의 경우 원래 정확한 명칭은 '스

테이플러~stapler~이고, '호치키스~Hotchkiss~'는 스테이플러의 고안자인 미국의 발명가 이름을 딴 상표명이었으나 일반수요자들이 이 기구의 명칭을 '호치키스'로 부르게 되면서 특정인의 상표로서의 기능을 상실하게 된 것이다.

또한, 크라이슬러사가 박스형 자동차 상품에 대하여 사용한 상표 '짚~Jeep~'이나 기아에서 승합차 상품에 사용한 상표 '봉고~Bongo~'의 경우에도 일반 수요자들이 이를 '짚차(지프차)' 또는 '봉고차'라고 칭하게 되면서 상표로서의 기능이 어느 정도 상실된 경우이다.

이와 유사한 사례로 '아스피린~Aspirin~' 역시 원래는 제약회사인 바이엘사의 상표였으나 상표관리의 소홀로 '해열진통제'를 지칭하는 일반명칭처럼 사용되고 있다.

이처럼 처음에는 상표로서 기능을 했으나 일반인들이 그 상표를 오히려 그 상품의 일반명칭으로 지칭하게 되면서 상표로서의 기능을 상실하게 되는 예를 종종 볼 수 있다. 이같은 상황을 방지하고 나만의 상표로서 오래도록 인식되려면 상표 관리를 잘 해야 한다.

이렇게 상표가 일반명칭이 된 예는 특히 최초로 개발된 제품, 즉 초기 제품의 상표에서 많이 일어나는 현상으로서 초기 제품명의 경우 일반수요자들에게 굉장한 브랜드파워를 갖는 상표가 될 가능성도 높은 반면 관리를 소홀하게 되면 특정인의 상표가 아닌 누구나 사용할 수 있는 명칭 즉 상표로서의 기능을 상실하게 될 가능성도 높다는 점을 기억해야 할 것이다.

한편, 이와는 반대로 철저하고 꾸준한 상표관리를 통하여 상표의 가치를 유지하고 있는 경우도 있는데 바로 3M사의 상표 '스카치$_{Scotch}$'의 경우가 대표적이다. 3M사는 상표 '스카치'가 일반수요자들에게 '테이프'를 지칭하는 일반명칭처럼 인식되지 않도록 하기 위하여 지속적인 광고를 통하여 '스카치'가 3M사의 상표임을 주지시켰고, 상표 '스카치'를 사용함에 있어 등록상표임을 표시하는 ®을 항상 병기하여 사용하였으며, 잡지나 사전 등에 '스카치'가 상표가 아닌 상품의 명칭으로 잘못 사용된 경우 이를 시정할 것을 요구하는 등 적극적이고 꾸준한 관리를 함으로써 상표의 가치가 훼손되는 것을 막고 유명한 상표로서의 지위를 유지해올 수 있었다.

이처럼 상표는 관리를 잘 하면 엄청난 가치를 갖는 파워브랜드로 계속 성장하는 반면, 관리를 잘하지 못하면 브랜드로서의 가치를 완전히 상실해 누구나 사용하는 일반명칭으로 전락해버릴 수도 있다.

그렇다면 어떻게 해야 효율적으로 상표를 관리할 수 있을까? 다음은 효율적인 상표관리와 관련한 몇 가지 팁이다.

우선, 상표의 사용 측면에서의 관리방안으로는 앞서 살펴본 3M사의 사례처럼 상표의 광고 등을 통하여 수요자들에게 특정인의 상표임을 각인시키고, 상표 사용시 TM 또는 ®표시를 함께 사용함으로써 수요자들에게 상표라는 사실을 인지시키고, 서체/색채 등을 통일

화하여 브랜드 아이덴티티₍Brand Identity₎를 유지할 필요가 있다.

또한, 상표의 선정단계부터 식별력이 강한 상표를 선정하고, 경쟁업자 등이 상표를 무단으로 사용하는 경우 이를 방치하지 말고 철저한 권리행사를 통하여 상표의 가치가 훼손되지 않도록 해야 하며, 기사나 사전 등에 일반명칭으로 잘못 사용되는 경우 적극적인 시정요구를 하는 등 철저하고 꾸준한 사후관리가 필요할 것이다.

그뿐만 아니라, 상표의 기본 존속기간은 10년으로서 상표권을 계속 유지하기 위해서는 10년 단위로 갱신등록을 해야 하므로 갱신등록 기간을 잘 점검하여 상표권이 소멸하지 않도록 유의하고, 등록된 상표를 일정 기간 사용하지 않거나 상표를 등록된 그대로 사용하지 않는 경우 상표권이 취소될 수 있기 때문에 등록상표를 변경해서 사용하거나 상표의 리뉴얼₍renewal₎ 작업 등이 있는 경우에는 별도로 상표를 등록할 필요성이 있는지 전문가에게 검토를 받는 것이 바람직할 것이다.

12. 수퍼스타 T
- 브랜드 가치가 높은 상표

미국 경제전문지인 포브스에서 선정한 2013년 브랜드 가치 순위에 따르면 명예의 1위는 'Apple'이 차지했다. 'Apple' 브랜드는 3년 연속으로 브랜드 가치 순위에서 1위를 차지했으며 2013년 평가된 가치는 1,043억 달러(한화 약 119조 원)인데 2012년에 비해 20%나 증가한 수치라고 한다.

2위는 마이크로소프트, 3위는 코카콜라가 차지하였으며 우리나라 브랜드 중에서는 삼성전자가 9위를 차지하면서 유일하게 10위 내에 랭크되었다. 삼성전자의 브랜드 가치는 2012년 12위에서 3계단 상승한 것으로서 2012년에 비하여 53% 증가한 295억 달러(한화 약 31조 2천억 원)으로 평가되었는데 이러한 삼성전자의 브랜드 가치의 상승폭은 100대 브랜드 중 가장 컸다고 한다.

1위부터 10위까지를 순서대로 살펴보면 1위 애플, 2위 마이크로소프트, 3위 코카콜라, 4위 IBM, 5위 구글, 6위 맥도날드, 7위 GE, 8위 인텔, 9위 삼성, 10위 루이뷔통으로, TOP 10 브랜드 중에 7개가 IT 기업이라는 점이 주목할 만한 부분이다.

100대 브랜드 기업은 15개 나라, 20개 산업 분야에 걸쳐 선정되었으며 미국이 절반 이상을 차지하고 있고, 독일 9개, 프랑스 8개, 일본 7개 등이 선정되었으며 국내 브랜드로는 삼성 외에 현대가 81위에 랭크되었다.

브랜드 가치 순위가 좋은 브랜드인지 여부를 판단하는 절대적인 기준이 될 수는 없지만 이러한 상표들이 모두 최고의 브랜드라는 점에 이견은 없을 것으로 생각한다. 지금의 나의 상표도 언젠가 세계적인 브랜드들과 어깨를 나란히 하는 슈퍼스타 T로 등극할 수 있는 날이 올 것이라는 믿음을 가지고 상표관리 및 보호에 적극적이고 끊임없는 노력을 기울여야 할 것이다.

Guide 4. Thinking program

13. 상표 위드 더 스타
- 성명상표의 등록

유명 연예인이나 스포츠 스타의 이름은 그 자체로서 강력한 '브랜드 파워'를 가지는 상표가 될 수 있으며, 최근 한류열풍과 스포츠 스타의 해외진출이 늘어남에 따라 이러한 상표의 등록에 대한 관심이 급증하고 있다.

그러면 연예인 및 스포츠 스타의 이름이나 예명을 상표로서 출원하여 등록을 받기 위해서는 어떤 요건이 필요할까?

우선, 선등록주의 제도를 채택하고 있는 우리나라의 상표법상 스타의 이름을 상표로서 먼저 출원하는 그 상표에 관하여 등록을 받을 수 있으며, 다만 '저명한' 스타의 성명 등을 상표로 출원하는 경우에는 본인 명의로 본인이 출원하거나 본인의 승낙을 받은 자가 출원한 때에만 상표등록이 가능하다.

이처럼 '연예인 및 스포츠 스타'의 성명상표와 관련된 주요 사건들을 살펴보면 국내 아이돌 계의 시초격인 핑클의 멤버인 '효리'의 경우 2001년 출원 시 그룹 구성원의 일부로서 저명성이 인정되지 않아 제3자가 '효리'라는 상표를 등록받았으며, '컨츄리꼬꼬'의 경우 출원 당시 해당 그룹이 이미 해체되어 실체가 없는 상태였기 때문에 역시 제3자가 상표를 등록받았다.

〈'효리'에 대한 상표등록현황〉

상표	등록권자	지정상품	등록일
효리	윤○○	서적, 문구류(16류)	2002.06.26
효리 酵理	(주)엘지생활건강	화장품류(3류)	2008.02.15
효리(酵利)	정○○	식품류(29/30/32류)	2012.06.04
이효리	이효리	액세서리류(14류)	2013.05.10
		문구류(16류)	2013.05.10
		완구류(28류)	2013.07.29

• 저명한 타인의 성명으로 인정되지 않은 사례 •

[관련 심결례] 상표 '효리' (등록권자: 윤 ○○)

상표법 제7조 제1항 제6호는 '저명한 타인의 성명·명칭 또는 아호·초상·서명·아호·예명·필명 또는 이들의 약칭을 포함하는 상표'는 상표등록을 받을 수 없다고 규정하고 있는 바, 저명한 타인의 성명·명칭 등의 여부는 그 타인의 인격권이 훼손될 수 있다고 객관적으로 인정될 만한 정도의 사회적 통념상의 저명성이 인정되는가를 출원시를 기준으로 판단하여야 할 것이다.

이러한 관점에서 본원상표에 있어 '효리'가 저명한 타인의 성명 등이었는가에 대하여 보건대, 여성보컬그룹의 명칭인 '핑클'이 일반 거래 사회에서 저명할 정도로 알려져 있다고 인정될 만한 자료가 없을 뿐만 아니라 그 저명성이 인정된다 하더라도 '효리'는 동 그룹의 구성원 중의 한 사람의 이름뿐이며, 더욱이나 '효리' 자체가 일반적인 성명 전체도 아니고 사회 통념상으로 저명한 타인의 예명 등의 정도로도 인정되지 아니하는 것이어서 이를 달리 판단할 만한 자료가 없는 이상 본원상표가 상표법 제7조 제1항 제6호에 해당한다는 원결정의 이유는 타당하지 아니하다.

등록번호 40-0523776, 등록일 2002-06-26

또한, 배드민턴으로 세계를 제패한 '박주봉 선수의 이름인 'Joobong' 의 경우 제3자가 상표를 등록한 것을 알고 '박주봉' 본인이 무효심판을 제기했지만 출원시 주지성이 인정되지 않아 기각된 사례가 있다.

• 저명한 타인의 약칭으로 인정되지 않은 사례 •

[관련 판례] 상표 Joobong (등록권자: 제이비스포츠)

피고의 성명이 주지하다는 주장과 함께 '박주봉'의 활동분야, 활동기간 및 수상경력 등이 증거자료로 제출되었다.

- 상표법 제7조 제1항 제6호의 저명성은 주지도가 높을 뿐만 아니라 나아가 오랜 전통 내지 명성을 지닌 경우에 인정되는 점,
- 우리나라 스포츠계에서 배드민턴은 비교적 비인기 종목에 속하는 점,
- 일반적으로 스포츠 스타나 연예인의 경우 그 전성기가 짧고 세대교체가 빠른 점 및 이 사건 등록상표는 박주봉의 주지성이 가장 높다고 할 수 있는 선수생활에서 은퇴한 후 약 10년 정도가 지난 시점에서 출원된 점 등을 종합하여 고려할 때,

> 비록 '박주봉'이라는 성명이 배드민턴 분야에서 널리 알려져 있다고 볼 수는 있을지라도, 위 인정 사실과 피고 제출의 증거들만으로는 이 사건 등록상표의 출원일 무렵에 '박주봉' 또는 그의 약칭으로서의 '주봉'이 상표법 제7조 제1항 제6호 소정의 저명성까지 획득하였다고 인정하기에 부족하다.
>
> 위와 같은 이유로 '주봉' 상표는 저명한 타인의 약칭으로 인정되지 않아 등록이 가능하다.
>
> 등록번호 40-0657417, 등록일 2006-04-04, 등록

반면에, 저명한 타인의 명칭으로 인정되어 거절된 사례가 있다. YG 엔터테인먼트는 2010년 소속그룹 '2NE1'에 대한 제3자의 출원에 대하여 저명성을 근거로 이의신청을 제기하여 타인의 상표등록을 저지한 바 있으며, 'M.C THE MAX'는 매니저가 본인의 승낙 없이 상표를 등록하였으나 구성 멤버의 무효심판 청구로 무효가 된 바 있다.

그러나, 'M.C THE MAX'의 경우 그룹이름의 저명성 자체를 인정받은 것이 아니라 일반수요자를 기만할 우려가 있다는 이유로 무효가 되었다는 점에서 상표법에서 규정하고 있는 '저명성'은 상당히 엄격한 기준 하에 인정된다는 사실을 알 수 있다 하겠다.

• 저명한 타인의 명칭으로 인정된 사례 •

[관련 심결례] 상표 '2NE1' (출원인: (주)○○컴퍼니)

표장 '2NE1'이 이의신청인 회사(YG엔터테인먼트) 소속의 여성 4인조 보컬그룹의 이름으로서 그 저명성이 인정되어야 한다는 주장과 함께 제출된 증거자료에서 인정되는 사실로부터 미루어 볼 때,

- '2NE1'은 젊고 발랄한 여성보컬그룹으로서 데뷔 초기부터 널리 주목을 받아 왔으며, 데뷔 음원과 이후 발매된 음원들이 발매되자마자 각종 차트에서 1위를 연속하여 차지하여 여러 연예 방송프로에 출연할 정도로 당시에 인기가 매우 높았음을 알 수 있다.

- 또한, 대중매체를 활동영역으로 하는 '가수'는 히트곡 하나로 그 인기가 폭발적으로 높아지는 것이 일상 있는 일이고, 그와 같은 특정한 시기에는 여느 저명인에 못지아니할 정도로 그 지명도가 매우 높다는 점을 고려할 때, 비록 '2NE1'이 이건 출원상표의 출원 당시에 연예계에 데뷔한 지 불과 5개월에 불과하다 하더라도 당시에는 이미 대중 가요시장에서 최고의 인기를 구가하고 있었으므로 가볍게 그 저명성을 부인하기는 어렵다.

위와 같은 이유로 상표 '2NE1' 출원은 모두 거절되었다.

출원번호 40-2009-0051448,
출원일 2009-10-21, 거절

출원번호 40-2009-0051449,
출원일 2009-10-21, 거절

출원번호 40-2009-0051450,
출원일 2009-10-21, 거절

• 저명한 타인의 명칭으로 인정되지는 않았으나 수요자에게 품질이나 출처의 오인을 일으킬 수 있다는 이유로 등록이 무효로 된 사례 •

[관련 심결례] 상표 'M.C THE MAX' (등록권자: 백○○)

M. C. THE MAX

심판청구인들이 속해있는 그룹사운드의 명칭인 'M.C THE MAX'는 이 사건 등록상표/서비스표 출원 시에 저명성을 획득할 만큼 현저하게 알려졌다고 보기는 어려우므로 이 사건 등록상표/서비스표는 상표법 제7조 제1항 제6호에 위반하여 등록된 상표라 할 수 없다.

그러나 이 사건 등록상표/서비스표 'M.C THE MAX'는 이 사건 등록상표/서비스표의 등록 결정시에 이미 이 사건 등록상표/서비스표의 지정상품 및 서비스업인 '음반' 및 '음악 공연업' 등에 관한 일반수요자와 거래자들에게 널리 현저하게 알려지게 되었다고 할 것이다. 그리고 음반, 음악 테이프나 음악 공연 등 음악 관련 상품이나 서비스업은 음악을 실연하는 가수의 능력에 따라 그 품질이 좌우되는 상품 및 서비스업이므로, 음반에 대한 일반 수요자들은 음반을 구매하고자 할 때 음반 제작사나 발매사의 명칭을 기억하고 구매하기보다는 그 음반의 실연자인 가수의 명칭이나 음반의 제목을 확인하고 음반을 구매하는 것인 경우가 일반적이라 할 것이고, 마찬가지로 음악 공연을 관람하고자 할 때도 일반 수요자들은 그 음악 공연의 주최자나 기획사를 보고 공연 관람을 결정하기보다는 공연하는 가수가 누구인지를 확인하고 공연의 관람 여부를 결정하는 것이 일반적이라고 할 것이다.

따라서 가수의 명칭은 음반이나 음악 공연 등에 있어서 그 품질의 척도가 되는 것이어서 해당 음반 및 음악 공연과 불가분적 관계에 있다고 할 것이므로, 이 사건 등록상표/서비스표의 지정상품인 '음반' 등과 지정서비스업인 '음악공연업' 등은 청구인들의 음악활동과 불가분적 관계가 있는 상품 및 서비스업에 해당한다.

그러므로 그룹사운드 명칭으로 현저하게 알려진 비교대상 표장과 동일한 이 사건 등록상표/서비스표가 그 지정 상품 및 서비스업인 '녹음된 테이프(음악인 것), 녹화된 테이프(음악인 것), 레코드판, 음악이 녹음된 컴팩트 디스크, 음악이 녹음된 DVD, 공연실황이 녹화된 DVD, 라이브

공연업, 음반 녹음업, 음악 공연업, 음악 작곡서비스업, 녹음실 운영업, 녹음음반 임대업, 연예인 공연서비스업' 등에 사용되는 경우, 일반 수요자나 거래자는 위 지정 상품 및 서비스업이 비교대상 표장을 사용하는 청구인들이 실연한 음악이 녹음된 것이거나 청구인들이 출연하는 음악공연, 또는 청구인들이 제공하는 서비스업 등으로 상품 및 서비스업의 품질이나 출처를 오인하게 함으로써 수요자를 기만할 염려가 크다고 할 것이다.

결국, 이 사건 등록상표/서비스표는 일반수요자들로 하여금 지정상품 및 서비스업의 품질 및 출처에 대하여 오인 혼동하게 하여 일반수요자들을 기만할 염려가 매우 크므로 상표법 제7조 제1항 제11호에 위반하여 등록된 상표로 판단되어 등록무효되었다.

등록번호 45-0010302, 등록일 2004-07-23, 등록무효

한편, 2004년 '동방신기'의 소속사는 '동방신기'를 상표를 출원했지만, 본인 승낙을(당시 미성년자이므로 부모님 동의가 필요) 얻지 못해 상표등록을 받지 못한 경우도 있었다.

이처럼 '연예인 및 스포츠 스타 이름'은 엄청난 브랜드 파워를 지닌 상표로써 활용될 수 있는 만큼 '주지 저명'한 상표가 되기 전에 상표로 등록하여 미래의 무형적 지식재산을 확보해두어야 할 필요가 있으며 한류열풍에 따라 해외시장 진출도 활발한 만큼 국내 상표등록뿐 아니라 해외에서의 상표등록에 대한 전략적 접근도 필요하다.

14. 상표 사냥
– 상표 브로커들의 상표선점에 의한 부당한 권리 행사와 그 대응방안

우리나라 상표법은 상표를 먼저 사용한 사람이 아닌 먼저 출원한 사람에게 그 권리를 인정하는 선출원주의를 채택하고 있다. 이런 제도의 허점을 악용하여 국내외 미등록 상표를 먼저 출원하여 선점하고 이를 통해 부당한 이익을 취하려는 상표 브로커들이 있는데 이들의 상표사냥 활동이 계속 이어지고 있다.

최근 특허청 국정감사 결과에서 확인된 바로는 국내에서 활동하는 상표 브로커는 총 26명이며, 이들이 출원한 상표는 11,543건, 등록된 상표는 1,032건으로 상표 브로커 1인당 출원 건수는 443건으로 파악되고 있는데 이는 우리나라 중견기업인 오뚜기(408건), 웅진식품(397건), 대교(422건) 등이 보유하고 있는 상표등록 건수보다도 높은 수치이다.

이들 상표 브로커는 가수 등 연예인의 데뷔 직후, 새로운 예능프로그램의 방송 시작 직후에 바로 해당 명칭으로 상표권을 출원하거나, 미등록된 국내외 브랜드를 모방 출원하여 상대적으로 법과 제도에 어두운 소기업이나 영세 소상공인을 대상으로 부당한 이익을 취하려는 것을 주목적으로 활동하고 있다.

SM엔터테인먼트 소속의 걸그룹 '소녀시대'의 경우 음반에 대한 상표권은 SM엔터테인먼트에게 있지만, 현재 의류/완구를 포함한 9개의 상품/서비스업류에 대해서는 개인이 소유하고 있으며 이와 유사한 사례로 '카카오톡', '1박2일', '해피선데이 1박2일', '강남스타일' 등도 역시 상표 브로커들로 추정되는 개인이 소유한 상표들이다. 그뿐만 아니라, 상표등록 제도 등에 무지한 소규모 음식점 등의 간판을 미리 등록하여 합의금 명목으로 돈을 편취했던 사례도 있었다.

또한, 이경규 씨가 방송에서 소개한 '꼬꼬면'의 경우에도 방송일 바로 다음날 상표 브로커에 의해 상표가 출원되어 상품개발 및 사업 진행 등에 차질이 생길 뻔하였으나 이러한 사실이 언론 등에 보도되면서 이슈가 되자 상표 출원인은 결국 출원상표를 취하하였고 그 결과 정당한 권리자가 상표를 출원할 수 있었다.

이러한 상표 브로커들의 부당한 횡포를 방지하기 위하여 특허청은 상표 브로커 리스트를 작성하여 이들이 출원하는 상표에 대해서는 엄격한 기준을 적용하겠다고 밝히고 있으며, 2013.10.6.자로 시행된 개정 상표법을 통하여 상표 사용자가 상표권자에게 상표침해 경고

장을 받았다고 하더라도, 상표 브로커가 출원하기 전부터 상호를 사용하던 사람들은 민·형사상 대응을 할 필요 없이 상호를 계속 사용할 수 있도록 하였다. 즉, 앞으로는 상표 사용자가 상표 브로커의 출원보다 먼저 상호를 사용했다는 사실만 입증하면 상표권 침해 내용증명, 형사고발 경고, 사용료 및 합의금 요구, 손해배상청구 등과 관련하여 민·형사상 책임을 지지 않게 된 것이다.

그뿐만 아니라, 2013.12. '상표브로커 피해신고 사이트'가 개설되어 특허청 홈페이지와 연결된 신고 사이트에 피해신고를 할 수 있으며 이와 관련한 대응방안 상담서비스도 받을 수 있게 되었다.

나아가, 2014년 개정된 심사기준에서는 방송이나 인터넷 등을 포함한 정보통신 매체를 통하여 일반인들이 널리 사용하게 된 방송프로그램이나 영화, 노래의 제명 등도 '유행어'에 해당하는 것으로 본다는 내용을 신설하여 이러한 상표들이 출원되는 경우 기타 식별력이 없는 상표에 해당한다는 이유로 상표법 제6조 제1항 제7호를 적용하여 거절할 수 있도록 규정하고, 국내 일반 수요자나 거래자에게 특정 연예인이나 연예인그룹 명칭 또는 특정 방송프로그램, 영화, 노래 등의 제명으로 인식되어 있는 명칭과 동일 또는 유사한 상표를 정당한 권원을 가진 자가 아닌 타인이 출원한 경우 상품출처의 혼동이나 품질의 오인을 일으킬 염려가 있는 상표에 해당한다는 이유로 상표법 제7조 제1항 제11호를 적용하여 거절할 수 있도록 규정하는 등 문제의 제도적 해결을 위해서 노력하고 있다.

15. 상표 빅리그
- 오픈마켓에서의 상표보호 방법

국내 온라인 쇼핑의 시장규모는 2010년 21조, 2011년 25조, 2012년 29조, 2013년 33조 원의 규모로 성장해오고 있으며 이후에도 그 성장은 계속될 것으로 예상한다. 온라인 쇼핑몰은 운영자가 판매자로서 직접 소비자들에게 상품을 판매하는 형태도 존재하지만, 대부분의 대형 온라인 쇼핑몰은 판매자와 구매자 사이에 거래가 이루어질 수 있는 전자거래 시스템을 제공하고 그 대가로 판매자로부터 서비스 이용료를 받을 뿐 판매자와 구매자 사이의 구체적 거래에는 관여하지 않는 이른바 오픈마켓Open Market의 형태로 운영되고 있다.

이런 오픈마켓 형태의 온라인 쇼핑몰에 있어 운영자가 제공한 인터넷 게시공간에 타인의 상표권을 침해하는 상품 판매 정보가 게시되고 그 전자거래 시스템을 통하여 판매자와 구매자 사이에 이러한 상품에 대한 거래가 이루어지는 경우, 곧바로 운영자에게 상표권 침해

게시물에 대한 불법행위책임을 지울 수 있는지에 대하여 논의가 필요하게 되었다.

이와 관련하여 우리 판례는 「정보통신망 이용촉진 및 정보보호 등에 관한 법률(이하, '정보통신망법')에서 유통을 금지하고 있는 '사생활 침해 또는 명예훼손 등 타인의 권리를 침해하는 정보'에는 사생활을 침해하는 정보나 명예를 훼손하는 정보 및 이에 준하는 타인의 권리를 침해하는 정보만을 의미할 뿐 상표권을 침해하는 정보는 포함하지 않는다고 해석하는 것이 합리적이므로, 정보통신망법이 정보통신서비스 제공자에게 상표권침해행위를 적극적으로 방지해야 할 작위의무를 부과하고 있는 것으로 볼 수 없고 조리상 일정한 범위 내에서 상표권 침해행위를 방지해야 할 의무가 있음은 별론으로 하고 법률상 상표권침해행위를 적극적으로 방지해야 할 작위의무가 있음을 전제로 한 방조책임은 인정할 수 없다」고 판시하고 있다.

그리고 「오픈마켓에서는 운영자가 제공한 인터넷 게시공간에 타인의 상표권을 침해하는 상품 판매 정보가 게시되고 그 전자거래 시스템을 통하여 판매자와 구매자 사이에 이러한 상품에 대한 거래가 이루어진다고 하더라도 곧바로 운영자에게 상표권 침해 게시물에 대한 불법행위 책임을 지울 수는 없다」고 판시하여 운영자에게 상표권 침해행위를 방지해야 할 의무는 있으나 상표권 침해 게시물에 대한 직접적인 불법행위 책임은 없는 것으로 보고 있다.

판례는 다만, 「상표권 침해 게시물이 게시된 목적, 내용, 게시기간과 방법, 그로 인한 피해의 정도, 게시자와 피해자의 관계, 삭제 요구의 여부 등 게시에 관련한 쌍방의 대응 태도, 관련 인터넷 기술의 발전 수준, 기술적 수단의 도입에 따른 경제적 비용 등에 비추어 볼 때,

① 오픈마켓 운영자가 제공하는 인터넷 게시공간에 게시된 상표권 침해 게시물의 불법성이 명백하고,
② 오픈마켓 운영자가 위와 같은 게시물로 인하여 상표권을 침해당한 피해자로부터 구체적, 개별적인 게시물의 삭제 및 차단 요구를 받거나, 피해자로부터 직접적인 요구를 받지 않았다 하더라도 그 게시물이 게시된 사정을 구체적으로 인식하였거나 그 게시물의 존재를 인식할 수 있었음이 외관상 명백히 드러나고,
③ 나아가 기술적, 경제적으로 그 게시물에 대한 관리, 통제가 가능한 경우에는,

오픈마켓 운영자에게 그 게시물을 삭제하고 향후 해당 판매자가 위 인터넷 게시공간에서 해당 상품을 판매할 수 없도록 하는 등의 적절한 조치를 취할 것이 요구되며(대법원 2009. 4. 16. 선고 2008다53812 전원합의체 판결 등 참조), 오픈마켓 운영자가 이를 게을리하여 게시자의 상표권 침해를 용이하게 하였을 때에는 위 게시물을 직접 게시한 자의 행위에 대하여 부작위에 의한 방조자로서 공동불법행위책임을 진다고 할 것이다(대법원 2010. 3. 11. 선고 2009다4343 판결 참조)」고 판시하여 일정 조건 하에서는 오픈마켓 운영자의 공동불법행위책임이 인정될 수 있음을 명시하고 있다.

그러나 이러한 경우에도 오픈마켓 운영자에게 요구되는 조치의무에 타인의 상표권을 침해하는 것으로 의심되는 게시물을 게시한 판매자의 신원정보 및 판매정보를 오픈마켓 운영자가 임의로 상표권자에게 제공할 의무까지 포함된다고 할 것은 아니라고 하여 오픈마켓 운영자들에게는 일정한 범위 내에서 상표권 침해행위를 방지해야 할 의무만이 있는 것으로 보고 있다.

인터넷을 통한 전자상거래 시장이 확대되면서 온라인 비즈니스에서 상표권의 보호에 대한 필요성 또한 더 커지고 있다. 이에 따라 온라인 서비스에 있어 상표의 사용개념에 대한 재정립과 함께 오픈마켓 운영자 같은 온라인 서비스 제공자의 책임문제 등에 대해서도 명확한 기준이 입법적으로 제시되어야 하는 등의 요구가 제기되고 있다.

오픈마켓 운영자가 개별판매자가 등록하는 모든 판매상품에 대하여 권리의 진정성 여부를 판별한다거나 상표권 침해 여부를 독자적으로 판단하는 것은 현실적으로 매우 어려운 일이기는 하지만, 그렇다고 해서 오픈마켓 운영자가 상표권 침해에 대하여 전혀 방관해서도 안 된다. 즉,

① 상표권 침해행위를 알았거나 알 수 있었던 경우 또는
② 특정한 인식이 있었던 경우

오픈마켓 운영자가 취해야 하는 상표권 침해방지 조치를 구체화함으로써 오픈마켓 운영자의 방조책임에 대하여 보다 명확한 기준을

수립할 필요가 있다.

아울러, 상표권자도 오픈마켓에서 자신의 상표가 부착된 상품이 불법적으로 유통된다거나 위조상품이 유통되지 않도록 항상 주의를 기울여야 하고, 오픈마켓에서 지적재산권 침해 또는 부정판매자를 배제하기 위하여 시행하고 있는 권리침해 신고제도, 상표보호 프로그램(Brand Protection Program, BPP) 등을 활용하여 상표권 침해를 미연에 방지할 수 있도록 관리하는 노력이 필요하다.

16. 별(외국)에서 온 그대
- 진정상품 병행수입 문제

진정상품 병행수입_Parallel Importation of Genuine Goods_이란 '국내외에서 동일한 상표권을 소유하고 있는 상표권자에 의해 일국에서 적법하게 상표가 부착되어 유통된 상품(진정상품)을 권원 없는 제3자가 상표권자(또는 전용사용권자)의 허락 없이 그 상품을 수입하여 판매하는 행위'를 의미한다. 예를 들어 '버버리_Burberrys_'라는 상표가 부착된 상품이 상표권자가 지정한 공식수입업체에 의하여 수입·판매되는 것이 아니라 상표권자와 직접적인 관계가 없는 제3자가 상표권자의 허락 없이 타국에서 상품을 구매한 후 이를 국내에 수입하여 판매하는 것이 바로 진정상품 병행수입에 해당하는 행위라 할 것이다.

이러한 병행수입에 대하여
① 병행수입업자의 행위는 상표권자의 상표를 침해하는 행위로서 허용돼서는 안 된다는 병행수입 금지론과,

② 병행수입이라 하더라도 일단 적법하게 유통된 상품으로서 상표의 출처표시기능을 해하지 않는다고 한다면 병행수입은 독점적 가격 격차를 축소하여 소비자들의 선택범위를 확대하는 긍정적인 기능을 하게 되므로 허용해야 한다는 병행수입 허용론,
이렇게 두 입장이 논의되고 있다.

그러나 병행수입을 허용하는 입장에서도 다음과 같은 요건이 충족되어야 하는 것을 전제로 하고 있다 할 것인데 즉,
① 수입되는 상품이 외국에서 상표권자 등에 의하여 적법하게 유통된 진정상품이어야 하며,
② 궁극적인 상품의 출처원이 동일하여야 하고,
③ 병행수입품과 국내에서 유통되는 상품의 품질이 동일하여 품질보증 기능이 훼손되지 않아야 한다는 것이다.

이와 관련하여 우리 판례는 '버버리Burberrys' 상표가 부착된 상품의 병행수입이 문제가 된 사안에서「병행수입 그 자체는 위법성이 없는 정당한 행위로서 상표권 침해 등을 구성하지 아니하므로 병행수입업자가 상표권자의 상표가 부착된 상태에서 상품을 판매하는 행위는 당연히 허용된다고 하고 있다.

상표제도는 상표를 보호함으로써 상표 사용자 업무상의 신용유지를 도모하여 산업발전에 이바지함과 아울러 수요자의 이익을 보호함을 목적으로 하고 상표는 기본적으로 당해 상표가 부착된 상품의 출처가 특정한 영업주체임을 나타내는 상품출처 표시기능과 이에 수반

되는 품질보증 기능이 주된 기능이라는 점 등에 비추어 볼 때, 병행수입업자가 소극적으로 상표를 사용하는 것에 그치지 아니하고 나아가 적극적으로 상표권자의 상표를 사용하여 광고·선전행위(선전광고물, 포장지, 쇼핑백, 내부 간판 및 외부 간판에 부착하여 사용한 행위)를 하더라도 원고 버버리의 상표권을 침해하지 아니한다고 본 것은 정당하다.

그리고 그 나머지 외부 간판 및 명함 등, 그로 인하여 위와 같은 상표의 기능을 훼손할 우려가 없고 국내 일반 수요자들에게 상품의 출처나 품질에 관하여 오인·혼동을 불러일으킬 가능성도 없다면, 이러한 행위는 실질적으로 상표권 침해의 위법성이 있다고 볼 수 없을 것이므로, 상표권자는 상표권을 근거로 하여 그 침해의 금지나 침해행위를 조성한 물건의 폐기 등을 청구할 수 없다고 보는 것이 타당하다」고 하여 병행수입을 원칙적으로 허용하는 입장이다.

다만, 판례는 「병행수입업자가 적극적으로 상표권자의 상표를 사용하여 광고·선전행위를 한 것이 실질적으로 상표권 침해의 위법성이 있다고 볼 수 없어 상표권 침해가 성립하지 아니한다고 하더라도, 그 사용태양 등에 비추어 영업표지로서의 기능을 갖는 경우에는 일반 수요자들로 하여금 병행수입업자가 외국 본사의 국내 공인 대리점 등으로 오인하게 할 우려가 있으므로 이러한 사용행위는 부정경쟁방지법 제2조제1호 (나)목 소정의 영업주체 혼동행위에 해당하여 허용될 수 없다고 볼 것이다」고 판시하고 있다.

「매장 내부 간판, 포장지 및 쇼핑백, 선전광고물은 영업표지로 볼 수 없거나 병행수입업자의 매장이 마치 대리점인 것처럼 오인하게 할 염려가 없다고 보아 이 사건 표장의 사용이 허용되는 반면에, 사무소, 영업소, 매장의 외부 간판 및 명함은 영업표지로 사용한 것이어서 이 사건 표장의 사용이 허용될 수 없다고 판단하고 이들 외부 간판 및 명함에 대해서 이 사건 표장의 사용금지 및 그 폐기를 명한 판단은 정당하다」고 판시함으로써 국내에서 널리 알려진 상표가 부착된 진정상품을 병행수입한 경우로서 그 상표가 사용태양 등에 비추어 영업표지로서의 기능을 갖는 경우에는 상표권적 침해 행위에 해당하지는 않지만 부정경쟁방지법 소정의 영업주체 혼동행위에는 해당될 수 있다고 하였다.

위의 판례내용을 종합하여 보면 우리 판례는 기본적으로 진정상품에 대한 병행수입을 허용하고 있는 입장이기는 하나, 상표를 외부간판 등에 사용하여 일종의 영업표지로 사용한 행위에 대해서는 부정경쟁방지법상 문제가 될 수 있는 행위라고 보는 입장이다.

한편, 진정상품 병행수입 문제와 관련하여 관세법에 기초한 『지적재산권 보호를 위한 수출입통관 사무처리 규정』에서는 원칙적으로 상표권을 침해하는 물품에 대해서는 수출입할 수 없지만 일정 조건을 만족하는 진정상품 병행수입 물품에 대해서는 수출입 통관이 가능하도록 하는 규정을 두고 있는데, 즉
① 국내외 상표권자가 동일인이거나 계열회사 관계, 수입대리점 관계 등 동일이으로 볼 수 있는 관계가 있는 경우(이하, '동일인 관계'

라 함),
② 외국의 상표권자와 동일인 관계에 있는 국내 상표권자로부터 전용사용권을 설정받은 경우(다만, 국내 전용사용권자가 당해 상표가 부착된 제품을 제조·판매만 하는 경우에는 국내 전용사용권자와 외국의 상표권자가 동일인 관계에 있는 경우에 한한다)에는 세관에서 통관압류를 하지 않도록 하고 있다.

또한, 공정거래위원회에서는 『병행수입에 있어서의 불공정거래행위유형에 관한 지침』을 제정하여
① 해외유통경로로부터의 진정상품 구입 방해,
② 판매업자에 대한 병행수입품의 수입 제한,
③ 병행수입품을 취급한 판매업자에 대한 차별적 취급 등
위와 같은 행위를 부당한 병행수입 저지행위로 규정함으로써 정당한 병행수입 행위에 대해서는 공정한 경쟁이 이루어질 수 있도록 보호하고 있다.

17. 상친소(상표의 친구를 소개합니다)
- 상표보호와 관련된 권리 및 법률규정

상표(서비스표)는 자신의 상품이나 서비스업을 타인의 상품 또는 서비스업과 구별하기 위하여 사용하는 모든 표지 즉, 문자·도형·색채 등 시각적으로 인식할 수 있는 것은 물론 나아가 현재는 냄새·소리 등 다른 감각들에 의하여 인식할 수 있는 모든 표지를 의미한다.

그런데 이러한 상표는 상호, 디자인, 저작권 등 다양한 권리들과 오버랩_{overlap} 되는 부분이 있고 상표권에 대한 문제에서도 상표법뿐만 아니라 디자인 보호법, 부정경쟁방지법, 저작권법 등 다양한 법률규정에 의하여 역학적으로 연결된 부분들이 많다.

흔히, 어떤 새로운 사람을 만났을 때 그 사람을 잘 이해하기 위해서는 주변 친구들을 만나보라고 얘기하는데 주변 친구들을 통하여 그 사람을 보다 잘 이해할 수 있기 때문이다. 이와 비슷하게 우리가 상

표를 더 잘 이해하기 위해서 이러한 인접 권리나 법률 규정들에 대해서도 함께 이해하는 것이 필요하므로 이번에는 이러한 상표의 친구들에 대하여 소개해볼까 한다.

1. 첫 번째 상표의 친구는 '상호'이다

'상호'는 상인이 영업에 관하여 자기를 표시하는 명칭으로서 '상표'가 '상품의 표지'라면 '상호'는 '상인의 표지'라고 할 것이다. 이처럼 '상호'와 '상표'는 엄격한 의미에서 다른 것이지만 실제 거래사회에서는 기능상 교차하는 부분이 생기기도 한다.

즉, 원래 상품의 표지로써 사용되던 상표가 일반수요자들에게 널리 인식된 결과 영업의 주체인 상인을 표시하는 기능을 수행하게 되는 경우가 생기기도 하며(조선맥주 주식회사 ⇨ 하이트진로 주식회사), 처음에는 인적표지로 사용되던 상호가 실제 거래사회에서 상품의 표지로서 인식되어 상표적인 역할을 하게 되는 경우가 생기기도 한다(주식회사 농심 ⇨ 농심 새우깡).

그러나,
① '상호'는 상표와는 달리 도형·색채 등 다른 요소들은 인정되지 않고 오직 문자에 한정되며,
② '상표'는 상표권의 등록으로 그 권리가 발생하는 반면(등록주의), 상호는 상인이 어떤 명칭을 선정하여 자유롭게 사용할 수 있고(사용

주의) 등기 여부가 권리의 발생에 대한 직접적인 효력요건은 아니다.

③ 또한, '상표'는 상표법상 등록상표권에 근거하여 동일·유사한 지정상표를 동일·유사한 지정상품에 사용한 경우 침해를 주장할 수 있으며 이러한 침해성립요건에 선의·악의와 같은 주관적인 요소는 포함되지 않으나, '상호'는 상법에 근거하여 부정한 목적으로 타인의 영업으로 오인할 수 있는 상호를 사용하는 자에 대해서 그러한 타인의 사용으로 자신의 영업에 손해를 받을 염려가 있음을 입증하여야만 그 사용을 제재할 수 있다.

이처럼, '상호'와 '상표'는 비슷한 듯 다른 속성을 가지는 권리들로서 만약 '상호'가 상품표지의 기능을 수행하는 경우에는 '(상호)상표'로서 상표등록을 하여 독점권을 확보함으로써 더 강력한 보호를 받아야 할 필요가 있다.

2. 두 번째 상표의 친구는 '디자인'이다

'디자인'은 물품에 표현된 심미감에 대하여 권리를 주는 것으로서 상품의 표지로써 사용되는 '상표'와는 다른 개념이지만, '상표'가 단순히 문자로만 구성되는 것이 아니라 도형(모양)·색채 등이 결합한 하나의 디자인으로서 구성되는 경우가 많으며 입체적 형상 자체에 대해서도 상표권을 인정하게 됨에 따라 디자인된 도안 자체가 상표의 기능을 수행하게 되는 경우도 많아지고 있다.

판례는 「타인의 등록상표와 유사한 표장을 이용한 경우라고 하더라도 그것이 상표의 본질적인 기능이라고 할 수 있는 출처표시를 위한 것이 아니라 순전히 의장적으로만 사용되는 등으로 상표의 사용으로 인식될 수 없는 경우에는 등록상표의 상표권을 침해한 행위로 볼 수 없다」고 판시하고 있어 순수하게 '디자인적'으로 사용된 경우에는 상표권의 효력이 미치는 것으로 인정하고 있지는 않으나, 최근 위치상표 등 디자인적 요소가 '상품 표지'로서 일반수요자들에게 인식되고 있음을 고려할 때 '디자인' 자체가 하나의 상품표지의 기능을 수행하는 경우에는 '(도형)상표'로서 상표등록을 하여 독점권을 확보함으로써 더 강력한 보호를 받아야 할 필요가 있다.

3. 세 번째 상표의 친구는 '저작권'이다

'저작권'은 상품과는 무관하게 저작자의 사상과 감정이 표현된 창작물에 대하여 발생한 권리를 의미하는 것으로서 상품의 표지로써 사용되는 '상표'와는 다른 개념이지만, '캐릭터' 등과 같은 미술저작물이 '상품의 표지'로서의 역할을 수행하는 경우가 많아지고 있고 '서적(어문저작물), 영화(영상저작물)' 등의 경우 제호 자체에 저작권이 인정되지는 않으나 이러한 제호가 '상품의 표지'로서 역할을 수행하게 되는 경우도 많아지고 있기 때문에, 상표법과 저작권과의 관계에 대해서도 생각해볼 필요가 있다.

저작권과 상표권과의 관계에 대하여 상표법 제53조에서는 「상표등록출원일 전에 발생한 타인의 저작권과 저촉되는 경우에는 지정상품 중 저촉되는 지정상품에 대한 상표의 사용은 저작권자의 동의를 얻지 아니하고는 그 등록상표를 사용할 수 없다」고 규정하고 있어 저작권과 상표권이 저촉되는 경우에 대해서는 저작권에 우선순위를 인정하고 있으나, 저작권은 상표권과 달리 등록이 효력발생요건이 아니므로 등록으로 명확히 효력이 발생하는 상표권에 비하여 권리행사의 측면에서 불명확한 부분이 있을 수 있다.

따라서 만약 '캐릭터' 등의 저작물이 상품표지의 기능을 수행하는 경우 또는 특정인의 출처표지 기능을 하는 경우가 있으나 저작물로서 인정받지 못하는 '서적이나 영화의 제호' 등과 같은 경우에는 상표등록을 통하여 더 명확한 보호수단을 만들어 두는 것이 바람직할 것이다.

4. 네 번째 상표의 친구는 '퍼블리시티권'이다

퍼블리시티권$_{\text{Right of Publicity}}$은 사람이 그가 가진 성명(아호, 예명, 필명 등 포함), 초상이나 기타의 동일성$_{\text{identity}}$을 상업적으로 이용하고 통제할 수 있는 배타적 권리를 의미한다. 국내법에는 위와 같은 권리에 관한 명문의 규정은 없으나, 판례는 「국가에 따라서는 법령 또는 판례에 의하여 이를 인정하고 있는 점, 이러한 동일성을 침해하는 것은 민법상의 불법행위에 해당하나 그 피해의 완전한 회복이 어렵고 손해전보의 실효성을 기대하기 어려운 점, 사회의 발달에 따라

이러한 권리를 보호할 필요성이 점차 증대하고 있는 점, 유명인이 스스로의 노력으로 획득한 명성, 사회적인 평가, 지명도 등으로부터 생기는 독립한 경제적 이익 또는 가치는 그 자체로 보호할 가치가 충분한 점 등에 비추어 해석상 이를 독립적인 권리로 인정할 수 있다고 할 것이다」라고 판시하여 실질적으로 퍼블리시티권을 인정하고 있다는 것으로 볼 수 있다.

또한, 판례는 「퍼블리시티권은 유명인뿐 아니라 일정한 경우 일반인에게도 인정될 수 있고, 그 대상도 성명(아호, 예명, 필명 등 포함), 사진, 초상, 기타 개인의 이미지 등을 형상화하는 경우 특정인을 연상시키는 물건 등에 널리 인정될 수 있으며, 일종의 재산권으로서 인격권과 같이 일신에 전속하는 권리가 아니어서 상속이 가능하고 성명이나 초상이 갖는 경제적 가치를 적극적으로 활용하기 위하여 제3자에게 양도할 수 있다」고도 판시하여 지적재산권으로서의 가치를 인정하였다.

따라서 퍼블리시티권은 성명상표와 관련한 상표법 규정(상표법 제7조 제1항 제6호 및 제11호)과 함께 성명상표 등 어떤 주체의 동일성을 형상화하는 표지를 보호하는 데 있어 기억해두어야 할 중요한 친구라고 할 것이다.

5. 다섯번째 상표의 친구는 '트레이드 드레스'다

'트레이드 드레스Trade dress'란 미국에서 '상품의 전체적인 외관과 느낌look and feel'을 보호하기 위해 도입한 신지식재산권'으로서 색채/크기/모양 등 제품의 고유한 이미지를 형성하는 여러 가지 복합적인 무형적 요소를 의미하는 개념이다.

쉬운 예로 패스트푸드 레스토랑인 '버거킹'을 생각하면 우리는 '흑백 격자 모양의 타일, 에나멜 커버의 빨간 의자, 할리우드 올드 무비 또는 스포츠 스타의 사진 장식 등'을 떠올리게 되는데, 이와 같이 버거킹의 상징으로 소비자의 뇌리 속에 자리 잡고 있는 것들이 바로 '트레이드 드레스'이다. 이와 비슷한 사례로는 '롤스로이스 차량 전면의 사각형 그릴', '코카콜라의 병 모양' 등을 예로 들 수 있다.

트레이드 드레스는 디자인 또는 상표와 일부 유사한 성격을 가지고 있기는 하지만, 기능성보다는 장식성에 중점을 두고 있다는 점과 여러 가지 복합적인 요소들이 합쳐져 만든 무형의 이미지로서 등록을 통해 보호되지 않는다는 점에서 그 차이가 있다 할 것이다.

애플과 삼성의 미국 소송으로 우리나라도 트레이드 드레스에 관심을 가지게 되었는데, 한국에서는 트레이드 드레스의 보호와 관련해 아직 명문으로 규정된 내용은 없고 현재 상표법, 디자인 보호법, 부정경쟁방지법 등 여러 법률에 근거하여 간접적으로 보호되고 있다.

즉, 상표법을 통해서는 현행 상표법상 허용되고 있는 입체상표, 색채상표의 등록을 통하여 트레이드 드레스에 대하여 일부 보호가 가능하며(다만, 입체상표의 경우에는 기능적이지 않아야 함을 전제로 하고 있다), 디자인 보호법을 통해서는 디자인 등록요건을 만족하는 경우 디자인 등록을 통하여 트레이드 드레스에 대한 일부 보호가 가능하나 한국의 디자인권은 물품성을 전제로 하고 있다는 점에서 보호수준이 높지 않다는 한계점을 가지고 있다.

나아가, 부정경쟁방지법에서는 '영업주체 혼동행위' 및 '상품주체 혼동행위'를 형사상 처벌 대상으로 규정하여 트레이드 드레스에 대한 일부 보호를 가능하게 하고 있으나, 부정경쟁방지법에 의한 보호를 받기 위해서는 트레이드 드레스의 주지·저명성이 입증되어야 한다는 점에서 역시 보호가 제한되는 부분이 있다.

6. 마지막으로 소개할 상표의 친구는 '도메인'이다

'도메인$_{Domain}$'은 인터넷에 접속된 컴퓨터의 IP 주소를 이용자가 알기 쉽게 문자와 숫자로 표현한 것으로서, 기능적으로는 컴퓨터 사용자의 접속 주소이지만 수요자들이 이러한 도메인을 통하여 상품을 판매하고 서비스를 제공하는 웹사이트에 접속하게 된다는 점에서 실질적으로는 상품이나 서비스업의 출처표시 기능도 한다. 그런 점에서 상표와는 상호보완적인 친구 관계를 형성할 수도 있지만 때로는 치고받는 친구 관계를 형성할 수도 있다고 할 것이다.

상표권과 도메인 이름의 등록에 있어 상표권은 상표법에 따라 특허청의 심사를 거쳐 등록되는 것인 반면, '도메인'은 소정의 등록기관과 등록 대행자를 통하여 특별한 심사 없이 먼저 신청하는 사람이 소유하게 되는 것으로서 각각 별개의 절차에 의하여 등록되므로 그 등록 과정에서 상호간에 직접적으로 영향을 미치지는 않는다.

다만, 상표권과 도메인 이름 사이에 충돌이 발생하는 경우 즉, 타인의 도메인 이름과 동일·유사한 상표가 출원된 경우 또는 타인의 등록 상표권과 저촉하는 도메인 이름이 등록되거나 사용되는 경우 이러한 문제를 적절하게 조정할 수 있는 기준이 필요하다.

먼저, 타인이 이전부터 사용해 온 도메인 이름과 동일·유사한 상표가 출원된 경우
① 그 도메인 이름이 국내에서 주지·저명한 것이고,
② 그 도메인 이름이 특정인의 출처를 표시하는 기능을 수행하며,
③ 출원된 상표의 지정상품(서비스업)이 타인이 사용해오던 도메인 이름에 의하여 접속되는 웹사이트상의 업종과 동일·유사하여 수요자들에게 오인·혼동을 일으킬 우려가 있는 경우
상표법에 근거하여 일정 부분 제재가 가능할 수 있다.

한편, 타인이 등록받은 상표권과 동일·유사한 도메인 이름을 등록받거나 사용하고 있는 경우 판례는
① 그 도메인 이름이 등록상표와 동일·유사하고,
② 도메인 이름이 특정인의 출처를 표시하는 기능을 수행 즉, '상표

적 사용'에 해당하며,
③ 타인의 등록상표와 동일·유사한 표장을 도메인 이름으로 하는 웹사이트상에서, 등록상표의 지정상품과 동일·유사한 상품을 판매하거나 광고 선전하는 경우,
상표권의 침해를 구성하는 것으로 보아 일정 부분 제재가 가능하다고 판시하고 있다.

또한, 도메인 이름과 관련하여 부정경쟁방지법 제2조 제1호 아목에서는 「정당한 권원이 없는 자가 다음의 어느 하나의 목적으로 국내에 널리 인식된 타인의 성명, 상호, 상표, 그 밖의 표지와 동일하거나 유사한 도메인 이름을 등록·보유·이전 또는 사용하는 행위」를 부정경쟁 행위의 하나로 규정하고 있는데, 부정경쟁 행위로 인정되기 위해서는 다음 중 어느 하나의 목적이 있다는 것이 입증되어야 할 것이다.

(1) 상표 등 표지에 대하여 정당한 권원이 있는 자 또는 제3자에게 판매하거나 대여할 목적
(2) 정당한 권원이 있는 자의 도메인 이름의 등록 및 사용을 방해할 목적
(3) 그 밖에 상업적 이익을 얻을 목적

아울러, 상표와 '도메인 이름' 간의 분쟁이 빈번하게 발생하자 우리나라에서는 이러한 분쟁문제를 신속하고 저렴한 비용으로 해결하기 위하여 '도메인이름 분쟁조정 위원회'를 설치하여 「.kr」 도메인에

대한 분쟁조정제도를 시행하고 있는데, 분쟁조정의 적용대상은 다음과 같다.

(1) 피신청인의 도메인 이름 사용이 국내에 등록된 상표나 서비스표권을 침해하는 경우
(2) 피신청인의 도메인 이름 사용이 국내에 널리 인식된 신청인의 상품이나 영업과 혼동을 일으키게 하거나 희석화하는 경우
(3) 피신청인의 도메인 이름이 국내외에 널리 인식된 신청인의 성명, 명칭, 상호 등과 동일·유사하고, 피신청인의 도메인이름 등록의 주 목적이 신청인이 도메인이름으로 등록하는 것을 방해하기 위한 경우

이처럼 상표권은 상호, 디자인권, 저작권, 퍼블리시티권, 트레이드 드레스, 도메인 이름 등 다양한 권리들과 연결된 권리이기 때문에 단순히 상표법으로만 보호하는 데는 한계가 있다. 따라서 상표권에 대한 효과적이고 실질적인 보호를 위해서는 상법, 디자인보호법, 저작권법, 부정경쟁방지법 등 다양한 법률들의 내용과 취지를 충분히 이해하고 적절하게 활용하는 전략적 접근이 필요할 것이다.

17. 상친소(상표의 친구를 소개합니다)

Guide 5.
Overseas program

18. 세계는 지금
- 해외상표 출원방법(개별국 출원 vs 마드리드 출원)

글로벌화된 현대 사회에서 상표는 국내를 넘어 해외에서도 보호받아야 하는 경우가 많다. 특히, 우리나라는 내수시장이 크지 않아 해외 진출의 중요성이 큰 나라 중의 하나이기 때문에 해외진출시 상표를 보호받는 방법에 대해서도 알아두어야 할 필요가 있다.

상표를 비롯한 특허, 디자인 등 지적재산권은 속지주의 즉, 「어떤 나라에서 등록받은 상표는 그 나라의 영토 내에서만 효력이 미친다」는 원칙이 적용되고 있기 때문에 우리나라에서 상표를 등록받았다고 하여 해외에서도 그 상표에 대한 권리가 자동으로 생겨나는 것이 아니다.

그렇다면 외국에서 상표를 보호받기 위해서는 어떠한 절차가 필요할까?

외국에서 상표권을 등록받는 방법은 크게 2가지로 나누어볼 수 있는데, 이는 각 나라에 개별적으로 상표를 출원하는 방법(개별국 출원)과 마드리드 조약에 기초하여 여러 나라를 한꺼번에 지정하여 출원하는 방법(마드리드 출원)으로 나누어볼 수 있다. 개별국 출원과 마드리드 출원방식은 각각 그 특성과 장단점이 다르므로 보호받고자 하는 구체적인 내용이나 목적에 따라 적합한 방법을 선택하여 진행하면 된다. 해외출원 방법 결정시 고려해야 할 내용은 다음과 같다.

1. 등록받고자 하는 국가와 절차 진행방식

개별국 출원은 각 나라에 규정되어 있는 상표법의 내용에 따라 출원을 진행하는 것이기 때문에 상표법이 규정되어 있는 나라라면 모두 상표출원이 가능하다. 그러나 나라별로 규정되어 있는 상표법의 내용이 다를 수 있고 특히 외국인이 출원하는 경우 반드시 현지대리인을 통하여 상표출원을 진행하도록 규정되어 있는 경우가 많으므로 개별국 출원의 경우 대부분 현지대리인(각 나라의 변리사)을 통하여 상표를 출원한다.

마드리드 출원의 경우 마드리드 조약에 가입한 국가에 한해 여러 국가를 한 번에 지정할 수 있고, 국내 관청(우리나라의 경우 한국 특허청)을 통하여 출원을 진행할 수 있기 때문에 출원 단계에서는 현지대리인을 통하지 않고 해외출원을 진행할 수 있다. 미국, 유럽, 일본, 중국 등 주요 국가들은 대부분 마드리드 조약에 가입되어 있으나 캐

나다, 홍콩, 대만, 태국 등 아직 마드리드 조약에 가입되지 않은 국가들의 경우에는 개별국 출원으로 진행해야만 한다.

2. 국내 기초출원의 필요 유무

개별국 출원의 경우 국내에 상표 출원이나 등록이 되어 있지 않거나 혹은 국내에서 등록이 거절된 경우라 하더라도 해외에서 출원하는 것이 가능하다. 앞서 설명한 바와 같이 상표권의 보호는 속지주의 원칙이 적용되기 때문에 우리나라에서 보호가 안 된다고 하여 다른 나라에서도 보호받지 못하는 것은 아니기 때문이다. 따라서 해외 수출을 주목적으로 하는 상품의 경우 또는 전략적으로 국내에서 사용하는 상표와 해외에서 사용하는 상표를 다르게 구별하여 사용하는 등의 경우에는 개별국 출원이 유리할 수 있다.

한편, 마드리드 출원의 경우에는 해외출원 전 반드시 그 기초가 되는 국내 출원 또는 등록상표가 존재하는 것을 전제로 하며, 만약 국내 출원이 국내 출원일로부터 5년 이내에 거절 등을 이유로 소멸하는 경우 이를 기초로 출원한 다른 국가의 해외출원들도 모두 소멸하게 되는 집중공격(Central attack) 제도가 존재하고 있으므로 국내에서 등록 가능성이 낮은 상표이거나 최종 등록이 완료되지 않은 상표의 경우에는 마드리드 출원시 유의할 필요가 있다.

3. 상표등록까지의 절차 및 소요시간

개별국 출원의 경우 각 나라에 규정된 상표법에 근거하여 출원, 심사, 등록의 모든 절차가 진행되기 때문에 필요한 절차 및 소요시간은 나라별로 차이가 있다.

마드리드 출원의 경우에는 조약의 규정에 의하여 각 지정국에서는 1년 6개월 이내에 심사를 완료하여야 하며, 만약 1년 6개월 이내에 아무런 통지가 없는 경우에는 유효한 국제등록으로 인정된다. 그러나 각 지정국에서의 심사결과 1년 6개월 이내에 거절이유 등이 통지되는 경우에는 해당 국가의 절차에 따라 거절이유 대응 및 등록절차를 진행하여야 한다.

해외출원의 경우 국내출원과는 달리 국제조약 및 각 나라에 규정되어 있는 법에 따라 진행되기 때문에 훨씬 복잡하고 고려해야 할 내용이 많다. 지금까지 살펴본 해외상표 출원에 대한 내용은 해외상표 출원을 준비하는 데 있어 알고 있어야 할 기본적인 내용에 불과하므로, 더 정확하고 실질적인 해외상표의 보호를 위해서는 전문가의 도움을 받는 것이 바람직하다.

19. 상표 전쟁 ①
- 국내 분쟁 사례

상표는 어떤 기업, 어떤 상품을 나타내는 표지로서 기업이나 상품의 가치가 상승할수록 브랜드 가치도 높아지는 것이 일반적이다. 따라서 자신의 상표와 동일·유사한 상표가 타인에 의해 사용되고 있거나 출원 또는 등록이 되어 있는 경우 자신의 상표와 이에 화체된 브랜드 가치를 보호하기 위하여 타인의 사용이나 등록을 제재하여야 하는 상황이 발생하게 되며 이에 따라 다양한 상표권 분쟁이 발생하고 있다.

이와 같은 국내외 상표권 분쟁 사례를 통하여 상표등록 및 보호의 중요성을 다시 한 번 생각해보는 계기가 되었으면 한다.

먼저, 최근 이슈가 되었던 모바일 게임 '애니팡' 상표 관련 분쟁사례를 비롯하여 국내 주요 상표분쟁 사례를 살펴보도록 하겠다.

[국내 상표분쟁사례 1] 모바일 게임 '애니팡' 상표권 분쟁

2012년 후반기에 출시되어 스마트폰 이용자들에게 선풍적인 인기를 끈 모바일 게임 '애니팡'의 상표권과 관련하여, '애니팡' 게임 제작사인 (주)선데이토즈는 표장 '애니팡'에 대한 권리를 확보하고자 하였으나 (주)굳앤조이가 이미 표장 '애니팡'에 대하여 2004년 상표등록을 받은 사실을 알게 되었다.

이에 (주)선데이토즈는 '애니팡'에 대한 상표권을 확보하기 위하여 (주)굳앤조이의 등록상표에 대하여 불사용취소심판을 청구하였고, 특허법원으로부터「피고(굳엔조이)의 등록 상표·서비스표가 사건 취소심판청구일 3년 이내에 국내에서 정당하게 사용됐다고 볼 만한 사정이 발견되지 아니하므로 그 등록의 취소를 면할 수 없다」는 판결을 받았다.

이로써 불사용취소심판을 청구한 모든 상품 즉, 9류(만화영화·다운로드 가능한 컴퓨터 소프트웨어·프로그램), 28류(봉제완구), 16류(서적류·만화류)에 대하여 승소하였고 이 판결은 대법원에서 최종 확정되었다.

's comment !

상표권에 대하여 등록주의를 기반으로 하는 우리나라 현행법상 자신이 사용하고자 하는 상표가 이미 선등록된 경우 원칙적으로는 상표권을 등록받을 수 없으나, 선등록상표가 등록일로부터 3년이 지난 경우에는 불사용취소심판을 통하여 선등록 상표를 취소시킨 후 상표권을 확보할 수 있는 방법이 있다. 이와 관련해서는 Guide 2의 '9. 너는 내 상표'에서 소개되는 내용을 통하여 더 잘 이해할 수 있을 것이다.

다만, 선등록 상표가 실제로 국내에서 정당하게 사용되고 있는 상표라면 불사용취소심판의 실익이 없으므로 선등록 상표의 실제 사용 여부에 대하여 사전 조사 등이 선행되어야 할 것이다.

나아가 어떤 상표를 사용하기 전에는 저촉되는 선등록상표의 존재 여부에 대하여 사전 검토를 해보는 것이 바람직할 것으로 생각된다.

[국내 상표분쟁사례 2] 하이트진로(주)의 프리미엄 맥주 'Max(맥스)' 상표권 분쟁

'Max' 브랜드로 맥주를 판매하고 있는 하이트진로는 최대 경쟁업체인 오비맥주에서 'MAX'를 포함한 상표 ('OBMAX', CASSMAX')를 등록한 사실을 알고 2건에 대한 무효심판을 청구하였다.

이에 대응하여 오비맥주는 하이트진로의 상표 'MAX'는 '최고, 최대'라는 사전적 의미가 있는 단어로서 식별력이 없다는 이유로 무효심판 및 소송을 제기하였고, 이 분쟁에서 특허법원은 「상표 'Max'가 '최고, 최대'라는 사전적인 의미가 있다 하더라도 이러한 의미는 지정상품인 '맥주'와 관련하여 품질을 암시 또는 강조하는 것일 뿐 '최고 품질이나 최고의 맛을 내는 맥주'와 같은 구체적인 관념으로 직감된다고 보기는 어려우므로 식별력이 있다」고 판시하였다.

나아가, 상표 'MAX'가 지정상품인 '맥주'와 관련하여 식별력이 있다는 판결에 근거하여 오비맥스의 등록상표 'OBMAX' 및 'CASSMAX'는 하이트진로의 상표 'MAX'와 일요부가 유사하다는 이유로 그 등록이 무효로 되었으며, 이는 대법원에서 최종 확정되었다.

's comment !

위 분쟁을 통하여 상표 'MAX'는 지정상품인 '맥주'와 관련해 식별력이 있는 상표라는 사실을 인정받게 되었고, 따라서 하이트진로는 오비맥주가 등록받은 'MAX'를 포함한 2건의 상표 'OBMAX' 및 'CASSMAX'에 대한 등록을 무효시킴과 동시에 국내 맥주시장에서 상표 'MAX'에 대한 독점권을 인정받게 되었으며, 'Max' 상표에 화체된 브랜드 가치를 지속적으로 지켜나갈 수 있게 되었다.

[국내 상표분쟁사례 3] 인텔사의 상표 인텔 인사이드Intel inside와 관련한 'inside' 상표권 분쟁

미국 인텔사는 2004년 'inside(인사이드)'에 대한 독점적인 상표권을 주장하며 디시인사이드의 상표출원에 대해 이의신청을 제기했으나 특허청은 인텔사의 상표 'Intel inside'는 '인텔 칩이 내장된'의 의미로서 식별력이 없다는 이유로 기각하였다. 그러나 인텔사는 5년 뒤인 2009년 8월 다시 디시인사이드의 상표 'dc inside'에 대한 상표권을 취소해달라며 심판 청구서를 제출했다.

인텔사는 디시인사이드가 등록상표를 등록일로부터 3년 이상 등록상품(서비스업)에 사용한 사실이 없어 상표권이 취소되어야 한다고 주장하였으나, 디시인사이드는 운영하는 사이트에서 타사와의 제휴를 통해 지정상품(서비스업)에 사용해왔다고 반박해왔으며 본 소송에서 특허법원은 '디시인사이드는 취소심판이 청구된 지정상품(서비스업)에 대하여 정당하게 사용해온 사실이 인정된다'며 인텔이 제기한 소송을 기각하였다. 인텔사는 이러한 특허법원의 판결에 불복하여 대법원에 상고하였으나 대법원이 상고를 기각하면서 최종적으로 디시인사이드가 승소하게 되었다.

인텔사는 본 소송 외에도 'inside'를 포함하여 국내에 출원 또는 등록된 상표들에 대하여 'inside' 부분에 독점권을 주장하며 무효심판 또는 이의신청을 제기하였는데, 보다 구체적으로 상표 'IP inside', 'ECOCRY INSIDE', 'ECOFRESH INSIDE', 'HumanInside' 등에 대한 무효심판 및 'brickinside', 'hobbyinside', 'STEALTH INSIDE', 'EcoAid Inside', 'WR@P INSIDE' 등에 이의신청을 제기하였다.

그러나 특허법원 및 특허심판원은 인텔사가 등록 및 사용하고 있는 상표는 'Intel inside'의 형태로서 전체적으로 '인텔사가 제조한 칩이 내장된'의 의미로 사용되고 있기 때문에 부수적인 의미로 사용되고 있는 'inside' 부분에 대한 독자적인 권리는 인정될 수 없다는 판단 하에, 무효심판 및 이의신청이 제기된 각 상표는 인텔사의 상표와는 전체적으로 비유사하다고 보아 인텔사가 청구한 상기의 무효심판 및 이의신청을 기각하였다.

's comment !

> 인텔사의 상표분쟁 사례에서 볼 수 있듯이, 자신의 상표권에 대한 보호를 강화하기 위하여 때로는 유사한 상표들에 대하여 취소심판 또는 무효심판 등을 청구하는 등 공격적으로 대응할 필요도 있으나, 자신의 상표권의 정당한 권리 범위를 넘어서 지나치게 과도한 권리를 행사함으로써 오히려 타인의 정당한 권리를 해하는 것은 아닌지에 대해서도 객관적으로 생각해볼 필요가 있다.

[국내 상표분쟁사례 4] '본죽' 상표권 분쟁

등록서비스표 ' [본죽] '은 43류의 '한식점경영업, 식당체인업'에 대하여 2002년 출원되어 2004년 등록된 서비스표로서 등록권자에 의하여 출원시점인 2002년부터 사용되어 오던 서비스표이다.

그런데 등록서비스표 ' [본죽] '과 유사한 표장 ' [본죽] '(이하, '확인대상표장'이라 함)을 등록서비스표의 지정서비스업인 '식당체인업'이 아닌 '죽용기 포장용 쇼핑백, 죽용기, 젓가락, 냅킨' 등의 상품에 사용하고 있는 사용자들이 자신들의 상표 사용은 서비스업이 아닌 상품에 사용하는 것이므로 등록서비스표의 권리범위에 속하지 아니한다는 확인을 구하는 권리범위확인 심판을 청구하게 되었다.

위와 같은 내용으로 청구된 심판에서 특허심판원은
① 등록서비스표의 지정서비스업인 '음식점경영업'은 음식점에서 손님에게 음료수, 주류 및 조리된 음식물을 제공하는 서비스업이고, 확인대상표장의 사용상품인 '죽용기 포장용 쇼핑백, 죽용기, 젓가락, 냅킨' 등은 제지업자나 주방기구 제조업자 등이 생산하며, 생활용품점이나 주방기구 도·소매점에서 가정주부 또는 요식업자 등에게 판매하는 상품이다.
② 음식점을 경영하는 서비스업자가 '포장용 쇼핑백, 죽용기, 젓가락, 냅킨' 등을 판매하는 것이 거래의 일반적 현상이라 할 수 없고, 일반 소비자는 음식점경영과 죽용기 판매 등이 동일한 사업자에 의하여 이루어진다고 생각하지 아니한다.
③ 음식물을 제공하는 서비스업과 주방용 상품의 판매는 그 용도나 수요자의 범위에 유사성이 있다고 볼 수 없다.
위와 같은 이유로 소극적 권리범위 확인심판청구를 인용하였다.

그러나, '본죽'의 등록서비스표권자는 위와 같은 특허심판원의 심결에 대하여,
① '음식점경영업, 식당체인업' 등을 지정서비스업으로 하는 등록서비스표의 사용에는 음식점에서 수요자에게 제공하는 음식물의 용기, 음식물을 포장하기 위한 쇼핑백 등에 서비스표를 표시하는 행위를 포함하므로, 죽용기 포장용 쇼핑백, 죽용기, 젓가락, 냅킨 등에 확인대상표장을 표시하는 것은 등록서비스표의 권리범위에 속하며,
② 등록서비스표는 2002년부터 죽전문 프랜차이즈 사업에 사용되기 시

작하여 2004년에 이르러서는 전국적으로 널리 알려진 주지, 저명 서비스표가 되었는바, 주지 저명한 등록서비스표의 권리 범위는 일반적인 경우보다 넓게 해석하여야 한다」는 내용을 근거로 원심결에 대한 취소소송을 제기하였다.

결국, 이 사건은 '무형의 서비스에 대한 표장'인 등록서비스표와 유사한 상표를 지정서비스업과 관련된 '유형의 상품들에 사용'하는 경우, 이를 등록서비스표 사용의 권리 범위에 포함되는 것으로 볼 수 있는지가 주요 쟁점인데 본 사안에 대하여 특허법원은 다음과 같이 판단하였다.

즉, 「원래 서비스표는 무형인 서비스의 식별표지이고, 상표는 유형의 상품을 식별하기 위한 표장으로서 각자 수행하는 기능이 다르므로, 서비스표를 상품에 사용하는 경우에는 등록서비스표권의 효력이 미칠 수 없음이 법리상 당연하다.

그러나 서비스는 무형의 용역이어서 그 자체에 서비스표를 표시하는 것은 불가능하다 할 것이므로 '서비스표의 사용'의 개념에는 서비스를 제공하는 장소에 부착한 간판에 서비스표를 표시하는 행위, 지정서비스업에 관한 광고전단, 정가표 또는 거래서류에 서비스표를 붙여서 배포·사용하는 행위가 이에 포함되고, 나아가 서비스 제공시 수요자에게 제공하는 물건에 서비스표를 붙이는 행위, 서비스 제공시 수요자에게 제공하는 물건에 서비스표를 붙인 것을 사용하여 서비스를 제공하는 행위, 서비스의 제공시 그 제공에 수반되는 등 필수적으로 관계된 물건에 서비스표를 붙이는 행위도 이에 포함된다고 봄이 마땅하다.

나아가 상표법 제66조 제1호가 타인의 등록상표와 동일한 상표를 그 지정상품과 유사한 상품에 사용하거나 타인의 등록상표와 유사한 상표를 그 지정상품과 동일 또는 유사한 상품에 사용하는 행위를 상표권 등의 침해로 본다고 규정한 취지에 비추어 보면, 등록서비스표와 유사한 표장을 상품에 사용하는 행위가 등록서비스표의 권리 범위에 속하기 위해서는 그 상품이 지정서비스업과 관련하여 '서비스표의 사용'의 개념 범위 내에 속하는 물건과 서로 동일하거나 유사하여야 한다.

다만, 서비스업과 상품 사이의 유사성을 지나치게 광범위하게 판단해서는 안 되고, 제공되는 서비스의 성질이나 내용, 제공수단, 제공장소와 상품의 밀접한 관계 여부, 서비스의 제공과 상품의 제조·판매가 동일 사업자에 의하여 행하여지는 것으로 인식되는지 여부, 유사한 표장을 사용할 경우 출처의 혼돈을 초래할 우려가 있는지 등을 따져 보아 거래사회의 통념에 따라 종합적으로 판단하여야 한다」는 점을 기본 판단 방법으로 제시하였다.

「등록서비스표의 지정서비스업 중 '한식점 경영업'은 한식 음식물을 먹고자 하는 손님에게 음료수, 주류 및 조리된 음식물을 제공하는 음식점을 경영하는 사업을 의미하고, 한식의 종류에는 죽도 포함하며, '식당체인업'은 다수의 식당 운영자들에게 동일한 상호·상표·영업비밀·직원 교육 및 물품의 구매 등을 포함하여 전반적으로 영업 운영상의 서비스를 제공하는 사업을 의미한다 할 것인데, 죽 음식점을 경영하려면 서비스의 제공물인 죽을 죽용기에 담아서 수저와 함께 제공할 수밖에 없고, 그 밖에 젓가락과 냅킨 등을 제공하는 것이 일반적이다. 또한, 최근에는 도시

락 문화가 발달함에 따라 음식점에서 직접 먹지 않고 포장해 가는 손님도 많은데, 이러한 경우에는 죽용기에 죽을 담아 포장용 쇼핑백에 넣어 제공함이 보통이다.

한편, 확인대상표장의 사용상품인 '죽용기 포장용 쇼핑백, 죽용기, 젓가락, 냅킨' 등은 일반적으로 포장지나 주방기구 제조업자가 생산하고, 수퍼마켓 등 생활용품점이나 주방기구의 판매점에서 가정주부 또는 식당 운영자 등에게 판매하는 상품이다.

위 사실들에 의하면, 거래 실정상 죽을 판매하는 서비스업자가 죽을 제공할 때 '포장용 쇼핑백, 죽용기, 젓가락, 냅킨' 등을 함께 제공하는 것이 일반적인 현상이라 판단되며, 확인대상표장의 사용상품인 '죽용기 포장용 쇼핑백, 죽용기, 젓가락, 냅킨' 등은 등록서비스표의 지정서비스업 중 '한식점 경영업'과 매우 밀접한 관계가 있고, 위 사용상품은 지정서비스업의 서비스 제공에 있어서 필수적으로 수반되는 물품들이라고 볼 수 있다.

나아가 거래사회의 실정으로 보더라도 죽판매 영업에서 서비스 제공시 수반되는 물품인 죽용기나 죽용기 포장용 쇼핑백 등은 그 서비스업의 경영자가 제조 또는 납품받아 수요자에게 제공하는 것이 보통이어서, 피고가 죽용기 포장용 쇼핑백, 죽용기, 젓가락, 냅킨 등에 확인대상표장을 사용하는 경우 일반 수요자로 하여금 위 상품들이나 그것과 함께 제공하는 음식물이 원고의 상품인 것으로 오인·혼동하게 할 우려가 있으므로, 확인대상표장의 사용상품과 등록서비스표의 일부 지정서비스업 사이에 유

사성이 인정된다.

그렇다면 한식점 경영업에서 '서비스표의 사용'의 범위에는 서비스 이용을 위하여 손님에게 제공되는 물건에 표장을 붙이는 행위, 즉 죽을 제공하면서 죽을 담은 용기 또는 죽용기를 포장하는 쇼핑백에 표장을 붙이는 행위도 포함된다고 봄이 옳다. 확인대상표장의 사용이 등록서비스표의 사용에 포함되는 이상, '죽용기 포장용 쇼핑백, 죽용기, 젓가락, 냅킨' 등을 사용상품으로 하는 확인대상표장은 '한식점경영업, 식당체인업'을 지정서비스업으로 하는 원고의 등록서비스표의 권리 범위에 속한다고 볼 수밖에 없다」고 판시하면서 원심 판결을 취소하였고 이 판결은 확정되었다.

's comment !

본죽 서비스표의 분쟁사례는 상표와 서비스표간에 분쟁이 발생한 경우 인정되는 등록서비스표권의 효력범위 및 지정서비스업과 사용상품의 유사여부에 대한 판단기준을 제시했다는 점에서 의미있는 사안이라 할 것이다.

20. 상표 전쟁 ②
- 중국 분쟁 사례

중국이 최근 상표권 분쟁의 핫 플레이스가 되고 있다. 중국의 상표 분쟁사례를 통해 중국에서의 상표권 확보 및 보호를 위해서 어떠한 전략적 접근이 필요할지 생각해보고자 한다.

[중국 상표분쟁사례 1] 'iPAD' 상표분쟁사례

2000년 프로뷰 홀딩스~Proview International Holdings~의 자회사인 타이완프로뷰는 EU, 한국, 멕시코, 싱가포르, 태국, 인도네시아, 베트남 등 7개국에 8개의 'iPAD' 상표를 등록했고, 또 다른 자회사인 중국 선전프로뷰는 중국에 2개의 'iPAD' 상표를 등록하였다.

애플사는 2010년 'iPAD' 제품을 전 세계에 출시하기에 앞서 영국에 설립한 IPADL~IP Application Development Limited~라는 회사를 통하여 타이완 프로뷰로부터 타이완 프로뷰 및 선전 프로뷰 명의로 되어 있는 'iPAD'와 관련된 10개의 상표를 3만 5000파운드(한화 약 6천만원)의 가격에 매입 계약을 체결하였고, 계약체결 후 IPADL사는 타이완 프로뷰에 3만 5000파운드의 양수대금 전액을 지급하였다. 이후 IPADL사는 10파운드의 상징적인 가격으로 'iPAD' 상표와 관련된 모든 권익을 애플사에게 양도하였다.

이에 중국 선전프로뷰 측은 'iPAD' 상표를 매입한 IPADL의 배후에 애플이 있었다는 사실을 알고 애플사가 비신사적으로 신분을 속이고 지나치게 헐값에 상표를 매수해갔다고 반발하면서, ① 본 계약은 애플사가 진실한 신분을 속인 기망에 의한 계약으로서 무효라는 것과 ② 중국내 'iPAD' 상표는 선전 프로뷰의 소유로서 상표이전 계약서에 서명한 타이완 프로뷰의 법무 책임자에게는 중국 선전 프로뷰를 대표할 권한이 없다는 이유를 들어 중국 내 상표이전 절차의 이행을 거부하기에 이르렀다.

위와 같은 이유로 선전 프로뷰 측이 계약 내용에 따른 중국 내 상표명의 이전절차에 협력하지 않자 애플사는 2010년 4월 중국의 선전중급인민법원에 중국에 등록된 'iPAD' 상표는 애플사의 소유라는 것을 확인하는 소송을 제기하였으나, 선전중급인민법원은 세 번에 걸쳐 심리를 진행한 끝에 마침내 애플에 패소판결을 내렸다.

1심 선고 후 중국 선진프로뷰 측은 거액의 손해배상을 청구할 것을 공개적으로 선언함과 동시에 중국세관 측에 'iPAD' 제품은 상표권을 침해한 제품으로서 통관을 제재시켜 달라고 요청했으며, 중국 각 지역의 공상 기관에 상표권을 침해한 'iPAD' 제품을 단속할 것을 요청하는 등 강력하게 대응하였고, 결국 2012. 6. 25.자로 애플사가 선전프로뷰에게 상표 양도대금 6,000만 달러(한화 약 685억 원)을 지급하기로 법정에서 최종 합의함에 따라 사건은 종결되었다. 참고로, 애플사는 'iPhone' 상표에 대해서도 이를 선등록한 중국 기업으로부터 2009년 365만 달러(한화 약 4억 4천만 원)에 매입한 바 있다.

's comment !

프뷰 측이 애플사가 진실한 신분을 속이고 다른 기업을 내세워 헐값에 'iPAD' 상표를 매입한 것은 기망에 의한 것이므로 무효라는 소송은 중국에서는 프뷰 사가 승소하였으나, 동일 내용으로 미국 본토에서 제기된 소송에서는 프뷰사가 패소하였다. 상표권 분쟁은 동일한 내용으로 진행되더라도 그 결과는 나라별로 달라질 수 있으며, 각 나라에서의 판단결과는 아무래도 자국의 상표보호에 유리하게 해석되는 경향이 있다는 것을 알 수 있다.

[중국 상표분쟁사례 2] 'HERMES', 'ARMANI', 'CHANEL', 'Cartier', '버버리체크무늬' 등 명품 브랜드의 중국 내 상표분쟁

(1) 'HERMES(에르메스)' 상표분쟁 사례

세계적인 명품 브랜드 에르메스는 지난 1977년 중국에 진출하면서 영문명 'HERMES'와 로고만 등록하고 중국식 상표명인 '아이마스(愛瑪仕)'는 등록하지 않았다. 에르메스는 이후 중국식 상표명인 '아이마스'에 대해서도 추가적인 등록을 받기 위해 상표출원을 진행하는 과정에서 중국 의류업체인 다펑즈이(達豊制衣)가 1995년 12월 '아이마스(愛瑪仕)'라는 상표를 등록했다는 사실을 알게 되었다. 이에 에르메스는 1997년 6월 상표권 업무를 담당하는 중국공상국상평위에 「의류업체 다펑즈이(達豊制衣)의 '아이마스'는 에르메스의 중국 명칭과 발음이 같은 '아이마스'를 도용한 것」이라며 사용 중지와 제품 판매 금지를 신청했으나 패소했다.

이에 대해 에르메스는 법원에 다시 항소하였으나 법원은 다펑즈이가 에르메스보다 먼저 '아이마스'라는 상표를 적법한 절차를 거쳐 등록받았으며 다펑즈이가 에르메스의 상표를 도용했다거나 중국 소비자들의 상표 혼란을 초래했다는 증거가 부족하다는 이유로 에르메스의 항소를 2012년 2월 최종 기각하였다.

(2) 'ARMANI(알마니)' 상표분쟁 사례

2002년 중국 상해 샹셔리셰 의류악세서리 국제회사(이하 '샹셔리셰'라 함)는 '의류, 신발, 아동용 의류' 등을 지정상품으로 하여 '아이만니(艾曼尼)'라는 상표를 출원하였다.

이에, 지아만드페이니회사는 샹셔리셰의 출원상표 '아이만니(艾曼尼)'는 세계적으로 주지저명한 상표 'ARMANI(알마니)' 및 이의 중국명칭에 해당하는 '아만니(阿曼尼)'와 유사하다고 주장하면서 이의를 제기하였으나, 중국법원은 심리결과 '아이만니(艾曼尼)' 상표는 중문으로 구성되어있고, 'ARMANI' 상표는 알파벳으로 구성되어있어 두 상표는 유사상표로 보이지 않다고 판단하면서 'ARMANI' 상표가 중국에서 지명도가 있다 할지라도 동 상표가 '아이만니(艾曼尼)'의 상표출원 이전에 저명한 상표였음을 입증할 수 없다고 하면서 '아이만니(艾曼尼)' 상표등록을 인정하는 판결을 하였다.

(3) 'CHANEL(샤넬)' 상표분쟁 사례

2002년 광동성 불산시 화싱리 도자기회사(이하 '화싱리 도자기회사'라 함)는 '도자기'를 지정상품으로 하여 영문 'CHANEL' 및 도안 그리고 'CHANEL'의 중국명칭에 해당하는 중국어 상표 '샹나이얼(香奈尔)'을 출원하였다.

이에, 중국샤넬회사(이하 '샤넬'이라 함)는 화싱리 도자기회사의 출원상표가 세계적으로 주지저명한 상표 'CHANEL' 및 중국어상표인 '샹나이얼(香奈尔)'과 유사하다고 주장하면서 이의를 제기하였고, 이에 대하여 상표평심위원회는 「샤넬의 영어상표 'CHANEL' 및 중국어 상표 '샹나이얼(香奈尔)'은 중국에서 많은 소비자가 알고 있는 저명상표이기 때문에, 화싱리 도자기회사가 상표 '샹나이얼(香奈尔)'을 출원한 것은 정당하다고 볼 수 없으며 이러한 출원으로 인하여 샤넬에 경제적 손해를 입혔다고 판단하였다.

이러한 상표평심위원회의 판단에 대하여, 화싱리 도자기회사는 자신들이 출원한 상표 '샹나이얼(香奈尔)'은 도자기 관련 업계에서 비교적 높은 인지도가 있는 상표라고 주장하며 법원에 소송을 제기하였으며, 이에 대하여 중국법원은 화싱리 도자기 회사가 출원한 영문 'CHANEL' 및 도안 그리고 'CHANEL'의 중국 명칭에 해당하는 중국어 상표 '샹나이얼(香奈尔)'은 상표가 사용되고 있는 분야가 다르므로 소비자들에게 직접적인 오인・혼동을 일으키지는 않으나 샤넬이 가지고 있는 상표 가치를 훼손하는 행위라는 판결을 내렸다.

(4) 'Cartier(까르띠에)' 상표분쟁 사례

Cartier

2003년 중국의 한 개인이 상표 '卡蒂婭CARTIYE(까티아)'를 출원하였고, 이에 까르띠에는 출원상표가 까르띠에의 선등록상표인 영문상표 'CARTIER' 및 중국어상표 '카띠아(卡地亞)'와 유사하다는 이유로 중국 상표청에 이의신청을 하였으나, 본 이의신청에서 까르띠에의 주장은 인정되지 않았고 결국 상표 '卡蒂婭CARTIYE'는 등록되었다.

한편, 까르띠에는 2012년 베이징의 주얼리 회사 '베이징 멩켈라 사이언스 앤 테크놀로지Beijing Mengkela Science and Technology Co. Ltd.'와 '베이징 후이씬 텐위안 사이언스 앤 트레이드Beijing Huixin Tianyuan Science and Trade Co. Ltd.', 중국의 대형 온라인 마켓 '이하오디엔Yihaodian.com'가 까르띠에의 허가 없이 '까르띠에 클래식 스타일', '까르띠에 컬렉션' 등과 같은 캐치프레이즈를 광고에 이용하여 소비자에게 혼란을 주었다고 주장하면서 상기의 업체들을 고소하였고, 해당 업체들에게 침해 행위에 대한 정중한 사과와 함께 각 회사에 손해배상금 55만 위안(한화 9921만원)을 요청했다.

까르띠에가 중국 업체들을 상대로 진행한 상기 상표권 침해에 대한 소송에서 2013년 중국 상하이 지방법원은 18만 위안(한화 3247만원)의 손해배상금을 지급하라고 판결하였으며, 손해배상금은 실제 물품 제작에 참여했던 베이징 후이씬이 외에 이하오디안에게도 일부 책임을 물어 총 배상금의 일부를 부담하도록 선고했다.

(5) 버버리 체크무늬 상표분쟁 사례

중국 국가공상행정관리총국(SAIC)은 베이지색과 검은색 줄무늬로 된 버버리의 체크무늬에 대하여 루비다 가죽제품 제조유한공사'(路必達馬球皮具製品有限公司, 이하 '루비다'라 함)가 제기한 상표권 불사용취소소송에서 상표 취소신청 이유가 성립함을 인정하면서 버버리 도안상표에 대한 취소 판결을 내렸다.

루비다는 1997년부터 가죽제품을 생산하여 대만, 홍콩 등으로 수출해 왔으며 월 3,000만 위안의 판매액을 기록하고 있는 회사인데, 버버리는 2004년부터 루비다가 사용하고 있는 스코티쉬 체크무늬는 버버리의 상표권 침해에 해당한다며 대만. 홍콩, 중국 등의 나라에서 재산보전, 생산금지, 증거보전 등 지속적인 상표권 침해소송을 진행해오고 있었다.

지속적으로 진행되고 있는 버버리와의 소송분쟁으로 인하여 거액의 경제적 피해를 받았다는 루비다는 이에 대한 대응을 시작했고, 버버리 체크무늬 상표에 대한 3년 연속 미사용 증거를 확보하여 지난해 2월 중국 상표국에 버버리의 체크무늬 도안등록 상표에 대하여 불사용취소소송을 제기하였다.

본 소송에서 루비다는 버버리는 등록상표를 3년 이상 상품의 외관 디자인에 사용했을 뿐 상표로써 사용하지는 않았다고 주장하면서, 제품 외관 디자인에 상표 도안을 사용하는 행위는 상표로서의 사용에 해당하지 않는다고 주장하였다.

중국 상표국은 이에 대한 심사를 진행한 결과 루비다의 상표 취소신청 이유는 정당하게 성립함을 인정하면서 버버리의 도안상표에 대해 취소 판결을 내린 것이다. 본 취소판결이 확정되는 경우 버버리는 일명 '버버리 체크무늬'라고 불리는 도안에 대하여 상표권의 효력을 잃게 된다.

루비다는 본 취소소송에 계속하여 버버리에 5억 위안(약 870억 원)의 경제적 손해배상을 청구하는 민사소송을 진행하겠다는 의사를 표명했으며, 버버리가 제기한 소송으로 피해를 본 다른 제조업체들과 공동으로 버버리에 대한 손해배상 집단소송을 준비할 계획임을 밝혔다. 그러나 버버리 또한 상표권 취소 결정에 대하여 항소할 뜻을 밝히고 있어 향후 분쟁의 최종 결과가 주목된다.

's comment !

위 사례에서 알 수 있는 바와 같이 자국민 보호경향이 뚜렷한 중국은 명품 브랜드의 상표권 분쟁에서도 자국민의 손을 들어주는 경우가 많다는 것을 알 수 있다.

중국에서도 지식재산권 보호의 중요성에 대한 인식이 점차 깊어지고 있으며 최근 상표법 개정을 통하여 주지·저명상표의 인정 및 보호규정 등을 강화하는 등의 모습을 보이고는 있지만 아직은 해외 저명상표들과 관련한 상표권 분쟁에 있어 법원의 판결이 일치되고 있지 않아 혼돈을 초래하고 있다.

[참고] 2014. 5. 1. 시행 중국 상표개정법의 핵심내용

유명상표에 대한 중국의 자국민 보호경향이 지나치다는 비판이 거세지자 중국은 2014. 5. 1.자로 개정법을 시행한다고 발표하였는데, 새로운 개정법의 핵심내용은 다음과 같다.

1. 시장 질서 보호
유명상표의 개념을 명확히 하고, 유명상표 보호 강도를 강화하여 시장질서를 유지하기 위한 장치를 마련하였음

2. 법정 손해배상금 상한 증액
악의적 상표권 침해행위자에 대한 처벌 강화를 위해 손해배상금을 현행 50만 위안에서 300만 위안으로 증가시킴

3. 중국 개정상표법에 규정된 악의적 선등록의 유형별 내용
(1) 타인의 미등록상표를 불법점유(해당 상표가 타인의 우선사용 상표인지 분명히 알고 있음에도 불구하고 선등록을 통해 의도적으로 자사 상표로 점유하는 행위의 제한).
(2) 대리인/대표자가 상표 소유권자의 상표 선등록(상표 대리인 또는 제품의 판매 대표자 등이 상표권자의 권한위임(라이센스) 없이 본인의 명의로 피대리인 또는 피대표자의 상표를 등록하는 행위 제한).
(3) 영향력 있는 상표의 선등록(타인이 먼저 사용하고 있거나 이미 영향력이 있는 상표의 선등록 제한).
(4) 타인의 우선 권리를 훼손하는 상표등록(상표등록 출원으로 타인의 현존하는 우선 권리를 손상해서는 안됨).

[중국 상표분쟁사례 3] 'adidas 아디다스' 상표분쟁

2008년 8월, 1974년에 아디다스가 중국에 등록한 'adidas' 상표를 현저하게 모방하였다는 이유로 아디왕을 잉커우 법원에 고소하면서 아디다스(阿迪達斯)와 아디왕(阿迪王)의 법정싸움이 시작되었다. 잉커우 법원에서 시작된 소송은 다롄법원, 베이징법원 등 3개 지방법원 및 랴오닝성고급법원, 최고인민법원에 이르기까지 6번에 걸쳐 재판하게 된다.

5년여간 끌어온 이 법정 싸움은 최종적으로 양자 간의 원만한 타협으로 끝났는데, 아디왕은 중문 상표와 삼각형 모양의 로고를 무상으로 아디다스에 양도하기로 하였고 이로 인해 아디왕은 더 이상 중문 상표와 삼각형 로고를 사용하여 매장에서 판매할 수 없게 되었으나 아디왕이 현재 사용 중인 영문 로고('adivon')는 계속하여 사용하는 것으로 합의하였다.

아디왕과 아디다스 간의 협의에는 두 가지의 주요한 내용이 포함되어 있는데, 첫째는 아디왕은 더 이상 상품, 포장, 광고 등에 중문 표기 阿迪王(아디왕) 상표와 삼각형 로고를 사용할 수 없다는 점이고, 둘째는 2013년 4월부터 아디왕 측이 이를 어겼을 시 계약 위반으로 300만 위안을 배상한다는 내용이다.

그러나 아디왕의 대리점은 이전의 재고제품 및 관련 물건을 2017년 4월 6일 이전까지 판매할 수 있고, 아디왕의 대리점 및 가맹점에서 사용하던 인테리어 또한 대리상 계약 및 가맹점 계약기한에 규정된 바에 따라 2017년 4월 6일까지 사용할 수 있는 것으로 합의함에 따라 아디왕의 제품은 약 4년간의 판매유예 기간이 허락되었다.

이와 같은 합의에 따라 아디왕 본사 측에서는 체인점들에게 현재 취급하고 있는 아디왕의 삼각형 로고의 신발과 중문 상표가 들어간 상품을 최대한 빨리 처분해야 하고, 점포 간판에도 더 이상 '아디왕'의 중문상표와 삼각형 로고를 사용할 수 없음을 공지하였고 이에 몇몇 아디왕 점포에서는 모든 상품을 전부 창고정리 식으로 최대 80%까지 할인하여 저렴하게 팔기 시작하였고, 점포의 간판도 리모델링하기 시작하였다고 한다.

's comment !

위 사례에서 아디왕은 그동안 사용해온 삼각형 로고 및 중문 상표를 무상 양도하는 것 외에 아디다스 측에 어떠한 손해배상도 하지 않고 영문상표 'adivon'도 그대로 유지하게 되었다는 점에서 큰 타격은 없었다고 볼 수도 있다. 그러나 아디다스는 억 위안의 손해배상을 포기한 대신 아디왕의 상표권을 무상으로 양수하는 합의를 통하여 상표의 독점권을 확보하였고, 향후 중국에서 '짝퉁' 상표가 사용되는 것을 막는 등 상표권 보호를 보다 강화할 수 있다는 측면에서 의미 있는 합의를 이끌어낸 것이라 하겠다.

[중국 상표분쟁사례 4] 맥도널드의 상표 'M'을 뒤집은 한이허씨의 'W 도안' 상표

2001년 중국인 한이허(韓頤和)씨는 북경(北京)에 패스트푸드 식당을 열면서 붉은색 바탕 위에 노란색의 알파벳 'W' 도안을 포함한 상표를 출원하였다.

맥도널드는 2003년 한이허씨의 'W 도안상표'의 출원 사실을 알고 상표국에 상표이의서를 제출하여 한이허씨의 'W' 도안상표는 자사의 ''M'자 도안상표와 유사한 상표로서 소비자들에게 혼동을 일으킬 수 있다고 주장하였으나 본 이의신청은 기각되었다.

이에 맥도널드는 상표국의 상급기관인 상표평가위원회에 재심을 요청하였고, 2010년 상표위원회는 'W 도안상표'에 대하여 '식당, 카페, 호텔, 주점' 등의 서비스업에 대해서만 이 상표의 등록을 취소하고 다른 상품이나 서비스업종에서는 이 상표의 등록을 유지하기로 했다.

그러나 맥도날드는 'W 도안상표'를 아예 사용하지 못하게 해야 한다고 주장하면서 법원에 다시금 소송을 제기한 상태이다.

이와 같은 맥도널드의 대응에 대해 한이허씨는 '맥도날드의 M은 문(門) 모양이고 내가 쓰는 W는 그릇(碗)을 의미하는 것'이라고 주장하면서 '알파벳 26개 중 맥도날드는 M을 썼는데 왜 나는 W를 쓰면 안 되느냐'고 반박하고 있다.

's comment !

본 소송과 관련하여 맥도날드의 상표 등록은 '식당, 카페' 등 요식업에 한정되어 있다는 점 및 중국 법원의 자국민 보호 경향을 고려하여 볼 때 다른 상품이나 서비스업에 대해서까지 'W 도안상표'의 등록 취소를 이끌어 낼 가능성은 높지 않다고 보여진다. 본 소송의 최종 결과가 기다려진다.

[중국 상표분쟁사례 5] 한국 상표들의 분쟁 사례

상표분쟁이 끊이지 않고 있는 중국에서 한국 상표들 또한 예외가 될 수는 없다. 특히, 한국과 중국은 지리적으로 가까울 뿐만 아니라 최근 한국 기업들의 중국진출이 활발해짐에 따라 한국 상표와 관련한 분쟁들도 빈번하게 발생하고 있다 할 것인바 이 중 몇 가지 사례를 살펴보고자 한다.

(1) '정관장(正官庄)' 상표분쟁 사례

'정관장(正官庄)'은 110여 년의 전통을 자랑하는 한국인삼공사가 생산하는 홍삼제품의 대표 브랜드로서 국내 홍삼 시장에서 압도적 1위를 유지하고 있는 제품의 상표명이다.

중국 내 '정관장' 상표분쟁사건은 지난 1992년~1995년 담배인삼공사와 거래한 홍콩지역의 수입상인 고려삼중심(高麗蔘中心, 대표 조한종[피터추 Peter chiu])이 동일한 상표를 홍콩, 중국, 마카오 등에 무단으로 등록함으로써 시작되었다.

홍콩의 경우 한국인삼공사는 1996년 8월 등록상표에 대한 취소소송을 제기하였고 이에 대해 상대방은 '正官庄' 상표는 자신의 부친이 창조했다고 주장하며 항변하였으나, 한국인삼공사 측은 1997년 홍콩지역 신문광고에서 1956~1959년도에 '정관장' 상품이 광고된 사실을 발견하

였고 이것이 결정적인 증거자료가 되어 결국 법원명령으로 승소판결을 받게 되었다. 이에 따라 한국인삼공사는 홍콩에서 상표권을 되찾고 14억 원에 해당하는 손해배상을 받았다.

〈'정관장' 상표의 등록현황〉

국가	홍콩		중국				
상품류	5류	30류	5류	29류	30류	32류	33류
등록번호	08443	06280	6851111	687836	688299	684378	685398
등록일	96.10.10	94.10.2	94.4.14	94.4.28	94.4.21	94.4.07	94.4.14

한편, 중국의 경우 한국인삼공사측은 상기와 같은 상표등록 사실을 알고 상표등록원자인 '고려삼중심(대표: 조한종)'에게 3차에 걸친 접촉을 통하여 상표권 반환 등에 관한 협상을 진행하였으나 원만한 합의가 이루어지지 않자 1996년 2월 중국상표국에 '正官庄' 상표가 부당한 상표등록이라는 이유로 취소심판을 청구하였다.

그러나 1996년 9월 중국 공상국 상표평심위원회가 '正官庄' 상표권에 대한 취소심판신청을 기각하는 판결을 하자, 한국인삼공사측은 1996년 9월 즉시 불복신청을 제기하였으며 1997년 9월에는 홍콩에서의 승소판결을 근거로 '正官庄' 상표의 부당등록취소에 대해 재심을 청구하였다.

하지만 중국의 관계 당국은 홍콩에서 제출된 증거는 원심판결 후 발견된 사실이므로 재심청구의 근거가 될 수 없다는 이유로 한국인삼공사측의 재심신청을 불수리하였다. 그뿐만 아니라, '正官庄' 상표분쟁에서 승소할 경우를 대비하여 한국인삼공사가 1999년 중국에 재출원한 상표 '正官庄'에 대해서도 중국 상표국으로부터 거절되는 등 중국에서의 '정관장' 상표 분쟁은 숱한 난관에 봉착하게 된다.

상황이 이러하게 되자 한국 특허청장은 중국 공상국의 국장에게 1998년 제1차 협조 서신, 2000년 제2차 협조 서신 및 2001년 제3차 협조 서신을 전달하였고, 2000년 10월 중국 방문 시에는 '상표고위당국자회의'를 개최하여 '정관장' 상표분쟁 문제에 대한 공정한 처리를 촉구하는 등 '정관장' 상표분쟁 문제를 해결하기 위하여 정부 차원에서도 적극적인 지원을 하기에 이르렀다.

이런 지원에 힘입어 한국인삼공사측은 2000년 11월 중국 공상국 상표평심위원회에 '正官庄' 상표 부당등록 철회 재심을 청구하였고 같은 해 12월 재심청구를 정식접수한 중국 공상국 상표평심위원회는 결국 2001년 10월 최종 판결문을 통해 상표등록권자인 '고려삼중심'(대표 조한종)에게 15일 이내에 '정관장' 상표등록증을 상표국에 반환토록 했다.

위 분쟁과는 별도로 한국인삼공사측은 자사제품인 '정관장(正官庄)' 홍삼제품과 유사한 포장을 한 제품이 '정한장(正韓莊)'이라는 상표를 부착

하여 중국 내에서 유통되고 있는 사실을 발견하고 상해푸동신구인민법원(上海市浦東新區人民法院)에 상표권 침해로 소송을 제기했다.

'정한장(正韓莊)' 상표의 권리자는 광동성의 한 인삼제조 업체인 정한제약주식유한공사(廣東正韓藥業有限公司)로, '정한장' 홍삼 제품을 생산 가공하여, 상해하오야오스약국(上海好藥師大藥房連鎖有限公司) 및 상해화스약국(上海華氏大藥房有限公司)을 통해 판매해온 것으로 밝혀졌으며, 이에 한국인삼공사측은 제조업체인 정한제약주식유한공사와 판매업체인 상해하오야오스약국 및 상해화스약국의 3개사에 대하여 이와 같은 홍삼제품의 생산 또는 판매 행위는 소비자에게 '정관장'브랜드에서 출시한 홍삼제품과 혼돈을 일으킴으로써 '정관장' 홍삼제품의 판매량에 영향을 준다는 이유로 소송를 제기하면서 침해중지, 공개사과 및 손해배상 청구를 청구하였다.

〈한국인삼공사의 '정관장' 제품〉 〈중국 정한제약의 '정한장' 제품〉

본 소송에서 상해푸동법원은 정한제약주식유한공사의 고려삼 제품은 '정관장' 상표가 등록된 제5류의 '홍삼, 인삼' 및 제29류의 '염한 홍삼'과 동일 또는 유사하며, 제품 포장 역시 '정관장'의 신선이 인삼을 가져다주는 형상을 한 도형상표와 유사한 상표를 사용하였음을 인정하면서, 정한제약주식유한공사는 상표권자의 허락 없이 '정관장' 상표와 동일 또는 유사한 제품에 유사한 상표를 사용함으로써 상표권자의 전용권을 침해한 것으로 판단하였다.

따라서 상해푸동법원은 최종적으로 정한제약주식유한공사에 대해서는 '정관장'의 상표에 대한 침해행위를 중지하고 공개사과를 할 것과 침해행위에 대한 손해배상액으로 20만 위안을 지급할 것을 명하는 판결을 내렸으며, 이를 판매해온 상해하오야오스약국과 상해화스약국에 대해서는 정한제약주식유한공사로부터 합법적으로 제품을 취득하였으므로 민사상 손해배상 책임에서는 면제되나 침해품에 대한 판매는 즉시 중지할 것을 명하는 판결을 내렸다.

(2) KBS 상표분쟁사례

중국 내 'KBS' 상표 분쟁은 2004년 중국의 광고회사 심천카이비쓰가 'KBS'란 이름으로 상표를 출원하면서 시작됐다. 2008년 KBS 측은 중국 상표국에 심천카이비쓰의 상표등록을 허가하지 말아 달라는 이의신청을 했으나 2011년 기각당했다.

이에 중국 내 상표분쟁을 총괄하는 국가공상행정관리총국 산하 중국상표심판위원회에 불복 심판을 제기하였고 마침내 2013년 4월 'KBS의 중국 내 지명도와 영향력으로 볼 때 독자적으로 상표를 보호할 가치가 있다'며 '중국 상표국은 심천카이비쓰의 상표 등록 결정을 취소하라'는 결정을 받게 되었다.

KBS는 약 10여 년간 끌어온 중국 내 상표권 분쟁에서 승소하게 되면서 앞으로 중국 내 방송과 콘텐츠 사업을 보다 안정적으로 실시할 수 있게 됐다.

's comment !

중국은 지리적으로 가까울 뿐만 아니라 현재 우리나라 기업들의 해외진출이 가장 활발한 나라이므로 중국에서 상표권이 제대로 확보되지 않는 경우 사업진행에 막대한 차질을 빚을 수도 있다는 점에서 중국에서의 상표권 보호 문제는 결코 가볍게 넘길 수 없는 사안이다. 특히, 중국의 경우 현재 무수히 많은 모방상표가 출원되고 있으나 자국민 보호 성향이 강하여 상표를 선점당하는 경우 되찾아오기가 쉽지 않고 설령 되찾아온다 하더라도 되찾아오기까지 큰 비용과 시간이 소요되므로 중국에서 사업하고자 하면 반드시 사전에 상표등록절차를 통하여 상표권을 확보해 놓을 필요가 있다.

나아가, 유사상표 분쟁 등의 문제를 대비하기 위해서는 사용하고자 하는 상표와 동일한 상표의 등록은 물론 사용상표와 유사하여 헷갈리기 쉬운 상표를 함께 등록하도록 한다. 예를 들어, 페이스북의 경우 'THE Facebook', 'Facebook', 'F(로고)' 등을 포함한 영문상표와 '面塑(몐수)', '飛思博(페이스보)', '菲思博克(페이스보터)', '費思薄(페이스바오)' 등 의역, 음역한 중문상표를 포함한 총 60여 개에 달하는 상표를 모두 등록하였다. 이처럼, 현재 사용하고 있는 상품 또는 사업분야뿐만 아니라 향후 기업의 비젼에 따라 그 범위를 넓혀 나갈 수 있는 상품이나 사업분야에 대해서도 함께 등록을 도모함으로써 유사상표에 의한 침해분쟁을 사전에 방지할 수 있는 전략적 고민도 필요할 것이다.

21. 상표 전쟁 ③
- 기타 분쟁 사례

[해외 상표분쟁사례 1] 캔디크러쉬 사가 상표분쟁

'캔디크러쉬 사가'로 유명한 영국 킹닷컴(King.com)이 미국 특허청(USPTO)에 '컴퓨터 및 소프트웨어 제품, 전기·과학 제품, 의류 제품, 교육·엔터테인먼트 서비스업' 등을 지정상품(서비스업)으로 하여 출원한 표장 'CANDY'에 대하여 2014년 1월 말 미국 특허청이 그 등록을 승인하면서, 게임 산업을 비롯한 광범위한 상표권 분쟁의 이슈가 발생하였다.

킹닷컴은 상표권 등록과 함께 게임명에 'CANDY'를 쓰고 있는 미국과 영국의 현지 게임사들에 애플 앱스토어로부터의 애플리케이션 서비스 철회 요청을 하였을 뿐만 아니라, 국내에서도 출원 진행 중인 상표 '캔디팡'에 대하여 이의신청 제기 및 미국에서의 상표출원 철회를 요청하는 등 'CANDY'를 포함한 게임명들에 대하여 강력한 조처를 하였다.

그뿐만 아니라, 킹닷컴은 게임개발사 스토익Stoic이 만든 RPG게임 '배너사가The Banner Saga'의 상표권 등록에 대한 이의신청을 미국 특허상표청에 제출하였는데, 본 이의신청서에서 킹닷컴은 '배너사가'라는 상표명이 킹닷컴에서 개발한 '버블위치사가', '캔디크러쉬사가', '팜히어로사가', '펫레스큐사가' 등 '사가' 시리즈와 유사성이 있는 것으로 인식되어 수요자들이 출처의 오인·혼동을 일으킬 수 있다고 주장했다.

그러나 기존에 'CANDY' 및 'SAGA'가 포함된 게임명을 사용하고 있던 게임개발업체 및 인디 게임개발자들은 이러한 킹의 과도한 권리행사에 강하게 반발하면서, 캔디를 소재로 한 100개 이상의 게임을 만들며 킹닷컴에 항의하기 시작했다. 즉, 게임명에 일부러 '캔디'라는 단어를 여러 번 사용하거나 '사가'라는 단어를 넣으면 보너스 포인트를 넣을 수 있는 것이 규칙인 캔디잼(itch.io/jam/candyjam)이라는 행사가 시작되었고, 이에 '에픽 캔디 크러싱 게임Epic Candy Crushing Game', 캔디스 크러시 사카Candies Crush Saka' '캔디 후커 사가Candy Hooker Saga' 등 킹닷컴을 패러디한 수백 개의 게임이 등록되었다.

이와 같은 관련 업계의 강력한 반발 및 부정적인 여론이 확산되자 킹닷컴은 결국 미국 특허청에 등록된 'CANDY' 상표권에 대하여 포기를 선언하였다. 그러나 킹닷컴은 '우리의 게임에 대한 지적재산권과 콘텐츠를 보호를 위해 최선을 다할 생각'이라고 하면서 '미국 특허청에 등록된 캔디 상표는 철회했으나, EU지역에 대한 상표권은 유효하다'라는 입장이어서 상표권 분쟁은 아직 끝나지 않은 것으로 보인다.

's comment !

우리나라 속담 중 '지나친 것은 부족한 것만 못하다'라는 속담이 있다. '캔디크러쉬사가' 상표분쟁을 통하여 자신의 상표를 보호하기 위한 상표권자의 권리행사는 어찌 보면 당연하기는 하지만, 자신의 상표권을 보호하기 위한 정당한 권리행사는 어떤 것인가에 대해서도 한 번쯤 생각해볼 필요가 있을 것이다.

[해외 상표분쟁사례 2] 전 세계적으로 진행된 '구찌(GUCCI)' VS '게스(GUESS)' 상표권 분쟁

2009년부터 '구찌$_{GUCCI}$'사는 미국 뉴욕, 이탈리아 밀라노, 중국 난징, 프랑스 파리 등 각 지역의 법원에 '게스$_{GUESS}$'사에 대해 상표권 침해를 이유로 소송을 제기하면서, 약 2억 2,100만 달러의 손해배상금을 청구하였다. 구찌는 게스가 스니커즈를 생산하면서 자사의 디자인 요소들을 모방했다며 저작권 침해소송을 시작하였는데, 즉 구찌가 디자인적 요소로 사용하고 있는 'G'로고나 빨간색과 초록색을 매치한 스트라이프 같은 주요 디자인을 게스가 모방하였다고 주장하였다. 이에 대해 게스는 구찌의 영감을 받기는 했지만 이는 스니커즈 제조사 간의 흔한 관행이라고 항변하였다.

이와 관련하여 미국의 뉴욕법원은 2012년 5월 게스는 구찌의 다이아몬드 패턴이나 스트라이프 같은 디자인적 요소를 사용함으로써 구찌의 상표권 등을 희석화했다는 판단 하에 게스가 구찌에게 466만 달러의 배

〈구찌사의 가방〉

〈게스사의 가방〉

상금을 지급하도록 판결을 내렸다. 또한, 구찌가 사용하고 있는 'G'로고나 빨간색과 초록색을 매치한 스트라이프 등 주요 디자인 및 기타 알파벳 'G'자를 이용한 상표의 사용을 금지하는 판결을 내렸다.

그러나 이와는 달리 밀라노 법원은 2013년 5월 83페이지에 달하는 판결문을 통하여 구찌에서 제기한 '상표권 침해소송'을 전면 기각하고 구찌가 이탈리아에서 등록한 3건의 상표와 EU에서 등록한 다이아몬드 패턴과 'G'로고, 'Flora' 패턴에 대한 권리를 취소하는 것을 포함한 판결을 내렸고, 이러한 판결 결과에 대해 구찌는 게스의 'G'로고 사용에 대한 불법을 호소하며 밀라노법원의 판결에 항소할 의사를 밝혔다.

한편, 2013년 11월 중국 난징 인민법원에서는 게스의 상표권 침해 및 불공정경쟁행위로 인하여 구찌의 명성에 피해를 주었다는 판결을 내렸고 구찌는 미국 뉴욕 법원에 이어 중국에서 두 번째 승소 판결을 받게 되었다.

's comment !

위 사례에서 알 수 있듯이 동일한 내용의 상표권 분쟁이라 할지라도 각 나라의 상표법 규정에 따라 그 결과는 달라질 수 있으므로 해외상표의 출원 및 관리에 있어서는 전문가의 가이드라인에 따라 더욱 전략적인 접근이 필요할 것이다.

[해외 상표분쟁사례 3] 인도에서의 '이케아_IKEA' 상표분쟁 사례

2013년 5월 인도정부는 고객이 직접 가구를 조립하는 DIY_Do It Yourself 가구시장에서 전 세계 1위를 차지하고 있는 스웨덴 기업 이케아의 1,050억 루피(약 16억 6,000만 달러) 규모의 투자를 최종 허가했다.

이에 따라 인도 내 25개의 매장을 개점할 예정에 있는 이케아는 인도법원에 인도 내 이케아와 유사상표를 사용하고 있거나 유사상표를 출원 중인 기업들에 대하여 사업 중단을 요구하는 법적 대응을 시작하였으며, 이 중 델리, 뭄바이, 하이데라바드, 벵갈루루, 찬디가르 지역의 15개 기업에 대해서는 이미 법원의 가처분 명령이 내려졌다.

이케아 법률 관계자들은 이케아와 발음이 비슷한 'Aikya Global'사에게 회사 홈페이지의 운영 중단을 요구하는 법적 공지를 내렸고, 연 매출 150억 루피 규모의 벵갈루루에 기반을 둔 'IKYA Human Capital Solutions' 사에게도 비슷한 법적 공지를 내렸다.

이에 대해 'Aikya Global'사의 책임자는 'Aikya Global'사의 사업 분야는 이케아의 사업 분야가 완전히 다르다 할 것이므로 이러한 법적 공

지는 명백한 대기업의 횡포라고 항변하였으며, 'IKYA'사의 책임자 역시 'IKYA'라는 단어는 '유일함'을 뜻하는 고대 산스크리트어에서 비롯된 단어로서 이케아와 전혀 관련성이 없으며 'IKYA'사의 사업분야는 소매 시장 분야와는 전혀 관련이 없는 기업이라고 이의를 제기하였다.

이에, 이케아 측에서는 이케아는 인도에서 정식 등록된 기업으로 45개 분야에서 다양한 상품과 서비스를 제공하고 있기 때문에 비슷한 업종이 아니라 하더라도 'IKEA'와 비슷한 상표를 사용하는 것은 기업의 영업권을 침해하는 것이라고 주장하며 강력히 대응하고자 하는 의지를 표명하였다.

한편, 이케아는 지난 2000년 세계 지적재산권기구$_{WIPO}$ 측에 한국의 인터넷 도메인 주소 'ikea-korea.com'을 상대로 분쟁을 제기한 바 있으며, 이에 대해 WIPO 분쟁 중재센터는 'ikea-korea.com'이 인터넷 사용자들에게 혼동을 줄 소지가 많다며 도메인 등록자인 미국 버지니아주 소재 네트워크 솔루션사에 인터넷 도메인 주소를 이케아 측에 넘겨줘야 한다고 판정하였다.

's comment !

이케아는 전 세계 70개국 이상에서 1천 200개 이상의 상표를 보유하고 있으며, 세계 최대 상표 분석 및 평가 회사인 인터브랜드 조사결과에 따를 때 세계 43위로 평가되는 브랜드이다.

이케아는 이처럼 유사상표를 사용하고 있는 업체들에 대해 적극적인 대응과 법적 조처를 함으로써 세계적인 브랜드로서의 위치와 가치를 지켜올 수 있었다. 이같은 이케아 사례를 통하여 글로벌 기업에게 있어 지켜야 할 가장 중요하고 가치 있는 자산은 브랜드 자체라는 인식을 바탕으로, 적극적인 브랜드 관리의 필요성에 대하여 생각해보는 계기가 되기를 바란다.

그러나 타 국가에 존재하는 유사상표에 대하여 지나치게 과도한 대응을 함으로써 자신의 브랜드 가치를 적극적으로 보호하고자 하는 차원을 넘어 해당 국가의 기업과 지역경제를 무너뜨린다는 인식을 주게 된다면 이는 오히려 기업 이미지에 악영향을 줄 수도 있으므로 신중한 전략적 접근이 이루어져야 할 것이다.

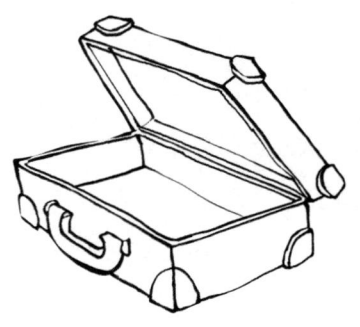

21. 상표 전쟁 ③

닫는 글

상표와 관련된 다양한 상담을 하다 보면 법리적인 측면에서 요구되는 상표의 요건과 일반 사람들이 생각하는 상표의 요건 사이에는 커다란 괴리가 존재함을 종종 느끼게 된다.

매일 상표와 관련한 일만 전문적으로 하는 나에게는 당연하다고 느껴지는 내용이지만 일반 사람들에게 있어서는 다소 어렵고 낯설게 느껴질 수 있는 것임을 깨닫게 되면서 상표가 무엇인지, 상표로 보호받기 위해서는 어떠한 요건들이 필요한지와 같은 기본적인 내용부터 상표와 관련된 일을 하면서 직접 보고, 듣고, 느낀 이야기들을 해줄 기회가 있었으면 좋겠다는 생각을 막연하게 해왔는데 이렇게 현실화가 되어 참으로 기쁘고 뿌듯한 마음이다.

다년간 상표전문 변리사로 일해 오면서 느낀 점 중의 하나는 상표의 세계에는 정답이 없다는 것이다. 어떤 상표가 좋은 상표이고 어떤 상표가 나쁜 상표인지, 어떤 상표가 유사하고 어떤 상표가 비유사한 상표인지, 어떤 상표가 등록되고 어떤 상표가 등록이 안 될 것인지…. 물론 이러한 것을 판단하기 위한 기본적인 법리적 기준이나 경험으로 축적된 가이드라인은 분명히 있고 그것을 알려주는 것이 전문가의 역할이기는 하지만 상표라는 것은 일반 수요자들의 인식이 가장 중요한 판단 기준이 되기 때문에 절대적인 정답은 없다는 것이다.

정답이 없어서 어렵게 느껴지기도 하지만 매번 새로운 상표를 대할 때마다 정답에 가까운 답을 찾아주기 위한 가이드 역할을 하는 것에 재미와 보람을 느끼기에 이 일을 즐겁게 하고 있지 않나 하는 생각을 하게 된다.

낯선 여행지를 여행할 때 여행지의 기본적인 정보를 알려주는 여행 가이드북이 필수 아이템인 것처럼 상표에 관해 관심은 있었지만 다소 어렵고 낯설게 느껴져 가까이 다가가지 못했던 사람들에게 이 책이 상표 가이드북으로서 필수 아이템이 되었으면 하는 기대를 해본다.

나아가, 여행책자 속에는 들어있지 않은 정보들을 포함하여 현지 사정을 잘 알고 있는 전문 여행가이드의 도움이 있다면 더욱 알차고 재미있는 여행이 될 수 있는 것처럼 상표전문 가이드라고 할 수 있는 변리사로서 더 많은 사람이 안전하고 재미있는 상표여행을 하는 데 도움을 줄 수 있었으면 하는 마음으로 이 글을 마친다.

마지막으로 항상 나를 믿고 응원해주는 가족들, 친구들 그리고 이 책이 나올 수 있도록 도와주신 클라우드북스 관계자분들에게 감사한 마음을 전한다.

변리사 조민정

상표 가이드

1판 1쇄 발행 2015년 1월 1일

지은이　　조민정
발행인　　문아라
펴낸곳　　클라우드북스
주　소　　서울 마포구 새터산2길 13
이메일　　cloud@cloudbooks.co.kr
사이트　　www.cloudbooks.co.kr
페이스북　www.facebook.com/cloudbookskorea
전화번호　010-5136-2260
출판등록　313-2012-124
제　작　　다라니

구입문의　010-5136-2260 / FAX 0303-3445-2260

클라우드북스는 지식서비스와 IT 관련 책을 전문으로 만듭니다.

ISBN　978-89-97793-14-3　13320

- 이 책의 모든 내용, 디자인, 편집구성의 저작권은
  지은이와 클라우드북스에 있습니다.
- 본사의 서면허락 없이는 책 내용의 전체나 일부를
  어떠한 형태나 수단으로도 이용하지 못합니다.
- 잘못된 책은 구입하신 서점에서 바꾸어 드립니다.
- 책값은 뒤표지에 있습니다.

이 도서의 국립중앙도서관 출판예정도서목록(CIP)은
서지정보유통지원시스템 홈페이지(http://seoji.nl.go.kr)와
국가자료공동목록시스템(http://www.nl.go.kr/kolisnet)에서 이용하실 수 있습니다.
CIP제어번호 : CIP2014034865

지은이 조민정 변리사

연세대학교 생활과학대학(이학사)과 같은 대학 경영학과(경영학사)를 나와 2007년 44회 변리사 시험에 합격한 후 KBK특허법률사무소를 거쳐 현재 특허법인 대아에서 상표/디자인 업무 및 관련 지적재산권 업무를 전담하고 있다.

상표전문 변리사로서 국내외 상표 및 디자인 출원, 등록, 심판 및 소송 업무, 저작권 등 지적소유권 관련 문제에 관한 자문 및 분석 업무를 해왔다. ㈜LG전자, ㈜LG화학, ㈜LG생활건강, ㈜LG생명과학, ㈜LG하우시스, ㈜대신증권, ㈜GS리테일, 하이트진로㈜, ㈜현대하이스코 등 주요 대기업의 상표, 디자인 및 저작권 등과 관련한 국내외 업무를 수행하였고, IP 전략 및 경영에 대한 전반적인 컨설팅 업무를 수행한 바 있다.

E-Mail 1009jung@naver.com
연락처 82-2-565-2528